# LA CONSULTATION CONJUGALE

AF136690

*PSYCHOLOGIE ET SCIENCES HUMAINES*

Guy Rucquoy

# la consultation conjugale

CHARLES DESSART, ÉDITEUR

2, GALERIE DES PRINCES, BRUXELLES

A la mémoire d'Hélène MICHEL-WOLFROMM
et à mes collaborateurs.

« Dès son berceau, l'enfant est secoué par les orages secrets de la haine et de l'amour. »

H.-R. LENORMAND

*(Le mangeur de rêves, Sc. III.)*

# AVANT-PROPOS

La raison d'être de l'élaboration, pour le couple et la famille, de structures d'aide particulières réside dans la constatation que la conjugalité est une arme à double tranchant. Cette observation n'est pas récente mais les témoignages à ce propos se font chaque jour plus nombreux. Si la conjugalité de deux êtres est réussie, elle peut devenir pour ceux-ci et pour leurs enfants une source de satisfactions, de créativité, de raisons de vivre valables et de stabilité relative dans un monde, lui, en perpétuelle mutation et dans lequel il est assez difficile de se forger une hiérarchie de valeurs plus ou moins stable; par contre, si une relation conjugale est chroniquement dysfonctionnelle, elle peut susciter une série impressionnante de réactions et d'interactions, soit dans le domaine social, soit sur le plan psychologique et/ou psycho-somatique et ce, aussi bien chez l'un ou les deux partenaires du couple que chez les enfants et parfois même chez des personnes extérieures à la famille nucléaire : par exemple, des amis ou des membres de la famille au sens large. La qualité de la relation conjugale est un facteur déterminant de santé individuelle et d'harmonie sociale; par ailleurs, la discorde familiale ou conjugale semble être, en partie, le reflet de mauvais fonctionnements d'une société; il y a donc entre la conjugalité des individus et la société une influence réciproque; c'est pourquoi, l'insertion, au sein des différentes Écoles de Santé Publique, de départements s'occupant des problèmes du couple et de la famille devrait être généralisée. Quelques avertissements importants nous paraissent devoir être énoncés dans cet avant-propos.

1. Dans le domaine familial, conjugal et sexologique, les idées et les conceptions les plus diverses sont répandues; il suffit de parcourir les rayons d'une librairie pour se rendre compte qu'un nombre important d'auteurs parlent de ces différents secteurs sans y être vraiment autorisés de par leur fonction, n'apportant souvent que des spéculations personnelles. La relation conjugale notamment est loin d'être étudiée avec le sérieux voulu; certains la décrivent idéalisée et d'autres considèrent comme des généralités propres au phénomène conjugal ce qu'ils ont apprécié chez quelques couples seulement; ces auteurs n'ont rien de scientifique et dupent une foule de lecteurs qui tentent, parfois avec désespoir, d'adapter leur couple à ces descriptions utopiques ou à ces extrapolations abusives, ce qui entraîne souvent des conséquences néfastes pour l'hygiène mentale des intéressés; nous ne nous attarderons pas sur ces procédés fréquents : ils ne méritent guère de considération.

Plus subtile est la réduction de la relation conjugale à une dimension particulière de cette dernière, analysée, cette fois, de façon scientifique : par exemple, son approche purement sociologique, strictement psychologique, etc...; en fait, ce n'est que l'intégration de ces différentes perspectives qui permettra d'appréhender la conjugalité de façon sérieuse. La sexologie et la conjugalité vues sous leur angle psychologique et psychopathologique sont, en outre, d'habitude envisagées dans une perspective de cas dans laquelle, bien souvent, les éléments personnels sont privilégiés au détriment des facteurs interpersonnels. Les documents vraiment scientifiques, c'est-à-dire ceux qui abordent ces disciplines à la fois sous leurs angles quantitatif et qualitatif, sont encore assez rares ; cette approche nécessite en effet une pensée de type inter-disciplinaire, à la fois psychologique et sociologique ; en ce qui concerne la clinique des conflits conjugaux (avec sa richesse symptomatologique), nous demeurons donc convain-cus qu'une « saisie » psychologique, secondée par une analyse sociologique, constitue la méthode d'approche la plus féconde. Une étude plus rigoureuse de la conjugalité normale et dysfonctionnelle paraît d'autant plus importante que la relation conjugale peut, ainsi que nous le verrons par après, être considérée comme un atout important en psycho-pathologie, tant sur le plan curatif que préventif.

2. La conjugalité implique une relation plénière, des affinités denses et une intimité sexuelle et génitale. Il s'agit donc d'une relation à l'autre particulièrement différenciée, toute en nuances, marquée au sceau de l'exclusivité et de l'intention de durée. On comprendra aisément qu'une relation d'aide psychologique ou une psychothérapie pola-risées en partie sur cette relation sont particulièrement délicates et difficiles à mener. Il est par conséquent paradoxal de devoir constater que les difficultés conjugales constituent un important secteur de l'aide psychologique qui ne soit pas pris en charge, en grande partie, par des psychothérapeutes. A l'heure actuelle, ce sont les conseillers conjugaux qui généralement assument cette mission. Certains de ces conseillers conjugaux ne voient leurs clients que peu de fois ; lorsque nous parlerons dans ce volume de relation de conseil

ou de relation d'aide psychologique, nous les assimilerons à la psychothérapie [1] mais jamais nous ne voudrons ainsi désigner des relations de courte durée : elles sont, à nos yeux, en général dépourvues de sens, c'est-à-dire de signification et d'orientation; certes, le client y a sans doute bénéficié d'une écoute bienveillante mais dont les bienfaits ne sont que temporaires; rien n'a pu se modifier de façon durable dans ses attitudes, son comportement et sa personnalité; ces relations d'aide psychologique de courte durée, sauf dans les cas où les membres du couple désirent seulement « faire le point » ou n'osent s'engager dans un travail psychologique dont ils ignorent l'issue et qui les inquiète, sont un leurre dont le public doit être averti.

3. Les nouveaux modes d'approche du couple en difficulté doivent être appréhendés avec le relativisme qui s'impose devant des théories qui n'ont pas encore reçu un degré suffisant de vérification. Les conseillers et psychothérapeutes du couple et de la famille sont de véritables pionniers. La validité de leur travail, encore situé au stade expérimental, est de ce fait l'objet de controverses. En

---

[1] NOTE IMPORTANTE

Cette prise de position est en fait assez discutée mais, dans l'ensemble, les arguments en sa faveur l'emportent sur ceux qui lui sont opposés.

Cette assimilation *conditionnelle* trouverait sa conclusion logique dans le fait que, tout au long de cet ouvrage, d'une part lorsqu'il est question de « psychothérapie », il soit d'office sous-entendu « ou relation de conseil (ou d'aide psychologique) » et d'autre part quand est mentionné le terme « psychothérapeute », celui-ci englobe systématiquement le vocable « conseiller ».

Toutefois, comme le contexte concret d'assez nombreux passages réclame que nous désignions seulement soit la « psychothérapie » ou le « psychothérapeute » soit la « relation d'aide psychologique (ou de conseil) » ou de « conseiller », nous avons dû employer la plupart du temps les *deux* expressions ou termes en question quand ils étaient assimilés.

Les répétitions stylistiques à ce sujet sont donc intentionnelles; le lecteur en comprendra aisément la raison.

matière conjugale et sexologique, les connaissances vraiment scientifiques sont rares et la plupart des recherches sont au stade embryonnaire. Cet ouvrage ne peut donc prétendre à une rigueur scientifique absolue, certaines assertions pouvant être nuancées ou même se voir infirmées; nous le considérerions plus volontiers comme un débroussaillement des connaissances dans le domaine de l'aide psychologique au couple.

Le contenu de cet ouvrage est le produit de deux sources.

— La première et la plus importante provient de l'expérience que nous avons acquise en tant que psychopathologue, spécialiste du couple, au cours de six années consécutives, exclusivement consacrées aux problèmes de ce dernier.

— La seconde est le reflet de l'apport de la littérature traitant de l'aide au couple en difficulté. Son abondance est telle qu'on ne peut la passer sous silence. Contrastant avec cette abondance, le fond de la plupart des ouvrages et des articles sur la question est d'une étonnante pauvreté. Les écrits dont nous parlons sont surtout d'origine anglo-saxonne. Sur le plan de la psychothérapie ou de la relation d'aide psychologique, ils irritent très souvent le professionnel par l'évidente directivité dans l'attitude proposée face aux problèmes familiaux et conjugaux et plus encore par la référence à des systèmes de valeurs auxquels, consciemment ou inconsciemment, les différents auteurs se rapportent, faisant ainsi régner une importante confusion entre le plan où se situent les sciences normatives et celui de la relation d'aide psychologique ou psychothérapie qui sont susceptibles de mettre l'individu en question quant à ses valeurs, sociales notamment. Dans certains écrits, on discerne, par exemple, un désir insidieux d'adaptation des consultants à une société déterminée, avec ce que cela contient comme possibilités d'utilisation potentielle à des fins idéologiques.

Ce discernement s'accompagne d'un vague malaise quand on perçoit que certains conseillers ou psychothérapeutes abordent la relation d'aide psychologique (ou la psychothérapie) conjugale, en s'armant, pour l'inculquer à leurs clients, d'un système de valeurs particulier dans le domaine de la conjugalité; c'est le cas lorsqu'il y a manifestation d'une volonté non dissimulée de maintenir ou de rétablir à tout prix les liens conjugaux; la tactique consiste alors en une coercition déguisée et abusive dont les effets, s'ils perdurent, sont en général purement structuraux, rarement le reflet de modifications fondamentales. Ces gauchissements de la relation d'aide psychologique ou de la psychothérapie par des systèmes de valeurs peuvent trouver leur explication dans le fait que les personnes qui fonctionnent dans le secteur de l'aide au couple en difficulté et écrivent à ce sujet sont elles-mêmes hautement concernées par la conjugalité soit parce qu'elles la vivent, soit du fait qu'elles l'ont observée dans leur famille d'origine; beaucoup d'auteurs exposent, au sujet du phénomène conjugal, le vécu affectif qui s'est cristallisé dans leurs rapports avec leurs parents ou substituts dans la prime enfance avec tout ce que cela comporte comme attitudes, préjugés, suppositions, habitudes, convictions, espoirs, craintes, répugnances, désirs, etc...; ceci reste vrai même pour l'enfant de mère célibataire, l'imagination et la vie fantasmatique comblant dans ce cas le vide de la réalité. Une relation d'aide psychologique ou une psychothérapie contaminées par une « distillation » plus ou moins consciente de valeurs déterminées peuvent, d'un certain point de vue, être considérées comme anéthiques et sont en tout cas peu « aseptiques » sur le plan professionnel puisque dans semblables relations, le conseiller ou le psychothérapeute doivent inexorablement privilégier certains segments du discours de leur client en fonction de leurs propres valeurs et de leurs propres buts (qui ne correspondent pas nécessairement à ceux des personnes qu'ils veulent assister.) En fait, les conseillers ou les psychothérapeutes ont pour principale mission de favoriser chez leurs clients des prises de conscience et ainsi éventuellement faire évoluer leurs personnalités en général pour les rendre sans doute aptes à résoudre la plupart des problèmes qu'ils auront à affronter et notamment leurs difficultés conjugales et ce, dans le sens où ils le désirent.

En conclusion, nous pouvons dire que *l'attitude centrée sur le client (ou la non-directivité) qui sera proposée dans ce volume comme méthodologie à adopter en consultation conjugale,* est loin de représenter ce que nous offre une partie non négligeable de la littérature anglo-saxonne. Il nous faut aussi signaler que la plupart des écrits sur la relation d'aide psychologique ou la psychothérapie conjugales empruntent leurs vocables descriptifs à la psychanalyse, mais, assez souvent, avec un sérieux coefficient de déformation et un manque de rigueur dans la conceptualisation.

La consultation conjugale se pratique principalement sous l'étiquette de « conseil conjugal »; cette fonction de « conseil » est fondamentalement psychologique et psychothérapeutique; elle exclut, en soi, les interventions directives de quelque nature qu'elles soient; ceci ne signifie pas que de telles pratiques sont rejetées en consultation conjugale; elles ne relèvent pas de la relation d'aide psychologique ou de la psychothérapie à proprement parler.

Les conseillers ou psychothérapeutes en matière conjugale agissent essentiellement à un niveau préventif :

— d'une part en dépistant les cas qui relèvent d'une approche purement psychiatrique;

— d'autre part en empêchant des situations « conflictuelles » interpersonnelles d'entraîner des symptomatologies individuelles graves sur le plan mental.

Il vaut mieux parler de « consultations familiales et conjugales » plutôt que de « consultations matrimoniales »; en effet, la première dénomination montre d'une part, un désir d'ouverture à la famille dans sa totalité et, d'autre part, une possibilité d'accueil de partenaires de couples dont les liens ne sont pas officiels; d'un autre côté, le terme « familiales » nous semble important car l'osmose existant non seulement entre l'individu et sa famille nucléaire d'origine et actuelle mais aussi avec la famille au sens large est trop évidente pour n'en pas tenir compte; l'individu, le couple, la famille et la société forment une véritable continuité; l'analyse séparée de ces entités reste malgré tout quelque peu artificielle.

Le contenu du présent ouvrage se répartit en quatre chapitres :

— Le premier traitera du couple actuel, de ses difficultés, de ses conflits et de ses crises.

— Le second analysera le contexte de la consultation conjugale sans aborder les questions inhérentes au déroulement de cette dernière.

— Le troisième sera consacré aux problématiques posées par l'aide au couple et à la famille et à une présentation critique des différentes structures d'aide en matière conjugale et familiale.

— Le quatrième décrira les différents aspects de la méthodologie proposée pour la consultation conjugale et familiale.

Dans un appendice sera abordé le problème du training et de la sélection des conseillers conjugaux.

# CHAPITRE I

# LE COUPLE ACTUEL, SES DIFFICULTÉS, SES CONFLITS ET SES CRISES

Quand on aborde l'étude des couples, on passe généralement par trois étapes successives au cours desquelles
l'appréhension des liens conjugaux, normaux ou dysfonc-
tionnels, se fait de plus en plus différenciée et qualitative.

— La première phase pourrait être qualifiée de sociologique : les différents couples sont appréciés en fonction de
critères surtout (mais non exclusivement) formels et structuraux; au cours de cette phase, d'une indéniable utilité,
l'aspect fonctionnel ou dysfonctionnel intime et différentiel
des couples n'est guère analysé.

— L'étape suivante prend une allure psychologique : on y
tente de saisir le fonctionnement psychologique des couples,
normal ou pathologique; l'appréciation a ici un caractère
dynamique mais insuffisamment différencié; les couples sont
perçus dans leurs fondements psychologiques généraux mais
d'importantes nuances et modalités échappent encore à
l'investigation; on parlera par exemple de couple « parent-
enfant », sado-masochiste, compétitif, etc... Nous exposerons

à la fin de ce chapitre quelques classifications établies en fonction de ce second mode d'appréhension.

— La phase ultime est l'étape psychologique personnaliste où l'observateur se rend compte qu'il y a pratiquement autant de types d'unions conjugales qu'il y a de couples.

Le franchissement de ces trois étapes sera nécessaire pour la formation de conseillers conjugaux ou de psychothérapeutes du couple, mais il est évident que la dernière phase devra être l'objet d'une attention privilégiée chez les responsables de cette formation.

## Déterminants sociologiques actuels des conflits conjugaux

Il convient avant tout de remarquer qu'une société déterminée peut favoriser, tolérer ou combattre l'expression en son sein des conflits conjugaux, ces différentes attitudes n'ayant bien entendu qu'une influence toute relative sur l'existence même des conflits conjugaux puisque celle-ci est inhérente à la présence du phénomène conjugal dans la société.

On ne peut analyser les conflits conjugaux sans s'en référer au contexte sociologique, culturel, politique, économique, etc... dans lequel ils s'inscrivent. Les facteurs sociologiques au sens large, pathogènes dans certains conflits conjugaux, agissent sur les partenaires concernés soit par voie consciente, soit inconsciemment; la production des effets psychologiques extrêmement variés de ces éléments a lieu principalement par alimentation inconsciente de tendances retenues qui ne demandent qu'à s'exprimer ouvertement.

Actuellement, les partenaires de couples tendent à se rapprocher, par exemple, par l'âge, l'activité professionnelle, etc...; cette similitude de certaines de leurs coordonnées d'identification est susceptible de faciliter leur communication dans la mesure où elle n'est pas trop nette ; elle peut la bloquer si elle est trop importante.

Il semble qu'il soit plus difficile qu'avant d'établir avec autrui des relations interpersonnelles harmonieuses ; bon nombre de personnes, dans les grandes villes du moins, vivent trop proches les unes des autres ; or, le contact interhumain semble atteindre son meilleur équilibre si la distance physique entre les êtres n'est ni trop courte pour être capable de perturber la personnalité elle-même, ni trop longue pour susciter l'angoisse de la solitude ; si une distance adéquate n'est pas établie même à l'intérieur d'une famille nucléaire, une impression d'effraction ou en tout cas de gêne peut être ressentie et des conséquences négatives sur le plan des rapports entre personnes peuvent s'ensuivre.

L'anonymat social plus grand actuellement entraîne chez certains partenaires la recherche d'une communication plus dense à l'intérieur du couple, mais si dans ce dernier un des deux membres perçoit qu'il est essentiellement l'objet au moyen duquel l'autre tente de combler les frustrations que la société lui impose dans sa quête d'identité, il peut être traumatisé lui-même en se sentant « utilisé » pour le dialogue interpersonnel.

Les « mass media », dont la diffusion est de jour en jour plus importante, peuvent soit ne pas avoir d'influence sur le couple, soit agir sur lui de façon positive ou négative, par un rapprochement authentique dans le premier cas, en provoquant un certain isolement dans le second. La télévision a pris, dans ce contexte, la place prépondérante ; elle a modifié non seulement les rapports existant entre les membres d'un même sexe mais aussi ceux entre les deux sexes et cela, dans des sens trop multiples pour que nous envisagions de les énumérer ici. Il semble important de mentionner que l'information, via les « mass media », d'une femme qui est restée au foyer est, en général, plus importante que celle de son partenaire.

Quant au développement accru des moyens de communication, il peut favoriser des absences prolongées ou régulières d'un ou des deux partenaires hors du foyer; cela pourra amener certains malaises ou conflits dans le couple.

La mixité, de plus en plus marquée dans notre société, s'est fréquemment établie sans préparation adéquate; à ce propos, il faut bien admettre que beaucoup d'hommes et de femmes rencontrent, au travail, une gamme assez variée de membres du sexe opposé au leur, dont certains pourraient mieux que leur conjoint combler leurs attentes et correspondre à leur image.

Peuvent agir dans le même sens, les changements observés dans la mobilité professionnelle, sociale et géographique, facteur qui accroît aussi les possibilités de contacts entre les deux sexes.

La prolongation de la scolarité pose souvent aux parents des problèmes quand ils ne parviennent plus à s'adapter à l'évolution culturelle et intellectuelle de leurs enfants; leur anxiété ou leur agressivité pourront parfois en être mobilisées.

La vie est devenue haletante, trépidante et morcelée, entraînant souvent chez les personnes une tension anxieuse et une augmentation de leurs impulsions agressives qui peuvent diffuser dans le couple lui-même, y installant soit un certain malaise, soit des tensions plus ou moins graves entre les partenaires.

La solution plus aisée aujourd'hui des problèmes matériels fait place à de plus grandes exigences relationnelles et amoureuses entre conjoints d'une part et affectives entre parents et enfants d'autre part.

L'augmentation du temps libre agit dans le même sens, amenant en outre des exigences quant à la satisfaction de chacun des partenaires sur le plan des loisirs.

La grande famille a fait place à la famille nucléaire dont les différents membres, sont, en général, plus ou moins sur un même pied d'égalité; l'intimité interpersonnelle s'en trouvera souvent accrue, mais aussi l'intensité des conflits qui naîtront.

Les relations familiales, chacun le sait, ne sont pratiquement plus organisées en fonction d'une économie « en groupe »; c'est une importante raison de la décentration de l'individu par rapport à sa famille nucléaire.

Un événement sociologique des plus remarquables à l'heure actuelle est l'explosion du phénomène contraceptif qui est entré ouvertement dans notre culture depuis une décennie environ, à la faveur notamment d'une nécessité démographique connue de tous. Ce phénomène a pour conséquences essentielles de libérer la sexualité, de faciliter le choix responsable par les conjoints du nombre de leurs enfants et de leur permettre une éducation prolongée et meilleure. La libération de la sexualité dans un couple qui, auparavant, en partageait la réglementation avec les instances du groupe social, particulièrement en ce qui concernait la procréation, peut être ou positive ou négative ou sans effets selon les cas. Force est toutefois de reconnaître qu'indépendamment de la facilitation de la sexualité à l'extérieur du couple, une sexualité totalement libérée dans le couple lui-même, peut poser de sérieuses questions : lassitude sexuelle, impossibilité pour des raisons névrotiques, chez un des partenaires ou les deux, de vivre une vie sexuelle plus intense qu'auparavant, obligation pour s'adapter de passer du registre réel au registre imaginaire. Le passage dans celui-ci sera sollicité davantage encore chez les couples dont les conjoints peuvent plus ou moins s'identifier l'un à l'autre socialement; en effet, dans la mesure où la sexualité relationnelle s'appuie sur des stimuli différentiels à différents niveaux, si les partenaires de ces couples ne parviennent pas à trouver ces éléments de différence dans les modalités mêmes de leurs relations érotiques, ils tenteront probablement de fantasmer une différenciation imaginaire. L'emprise moindre des instances sociales et autres sur la procréation et la sexualité a pour corollaire que cette dernière devient de plus en plus le fait du couple; ceci a amené d'évidentes modifications dans la hiérarchie des valeurs : il suffit de s'en référer à la représentation fort diversifiée observée aujourd'hui du concept de sexualité libérée lui-même, de fidélité, des aspects socio-juridiques de la conjugalité et de sa dissolution (qui reste vécue, assez souvent encore, avec un sentiment de raté et d'infériorité, même chez ceux qui l'envisageaient avant l'engagement comme étant une hypothèse à ne pas exclure). Enfin, sur le plan sexuel se retrouve la tendance à l'égalité générale entre les sexes, de plus en plus marquée dans notre société. Les conceptions freudiennes de la femme comme être castré, à jamais masochiste et « culpabilisée » sont bien ébranlées. La revendication sexuelle égalitaire de la femme prend parfois une forme inadéquate, par exemple en ce qui concerne l'orgasme où l'aspiration peut se produire en référence au vécu masculin.

Autre phénomène d'importance : les modifications rapides des rapports entre hommes et femmes, nuancées en fonction de diverses variables géographiques, familiales, etc... et qui sont susceptibles de changer le vécu de la relation amoureuse; les coordonnées sexuelles de cette dernière se sont transformées au point de bouleverser ceux qui l'avaient envisagée sous un angle plus traditionnel. Les rôles conjugaux et familiaux et les structures de la relation conjugale dont la fixité était telle autrefois qu'il suffisait en cas de problème de s'adresser aux personnes qui véhiculaient les normes à ce sujet (prêtres, médecins, etc...) pour obtenir un conseil précis d'orientation, sont à l'heure actuelle, totalement remis en question. Le mouvement de libération de la femme va de pair avec une tendance très nette à l'égalité entre les sexes, plus particulièrement dans le partage des rôles. La femme qui travaille pourra sans doute mieux participer aux intérêts de son conjoint. Cette libération féminine et l'égalité de la femme par rapport à l'homme sont toutefois contaminées par des aliénations nouvelles, bases de différenciations toutes superficielles entre les deux sexes (par exemple la course à l'argent chez l'homme et à l'esthétique chez la femme). Il peut y avoir chez certains hommes une reviviscence de l'anxiété de castration devant l'évolution émancipatrice de la femme. D'autres pourront craindre une modification éventuelle dans le type d'affection qu'ils recevaient de leur épouse, notamment si elle présentait une allure maternelle. Certains hommes ressentent le travail féminin comme un véritable défi à leur autorité virile. A ce sujet, on peut observer chez eux l'acceptation d'un compromis : ils ne refusent pas d'être mis sur pied d'égalité au travail, mais adoptent au foyer une position dominatrice en vue de renforcer, souvent de manière inconsciente, leur moi et leur virilité; lorsque, par la force des choses, une certaine égalité est aussi réclamée au foyer, quelques-uns s'isolent, démissionnant, refusant de prendre encore des responsabilités, tandis que d'autres luttent âprement pour y garder leur prestige, le fonctionnement du couple devenant alors purement compétitif. Le travail de la femme peut engendrer parfois des conflits très graves; ils pourront provenir non seulement des réactions de l'homme, mais aussi de la réprobation explicite ou tacite de la femme par son entourage, ou encore, de sentiments de culpabilité suscités chez celle-ci par la pression et la différence des normes. Malgré cette évolution vers l'émancipation et l'égalité, la femme reste en général plus que l'homme au centre du foyer; cette « centration » plus importante est due entre autres à des facteurs d'ordre économique; il est bien connu qu'elle est plus évidente dans les zones rurales ou chez les femmes dont les capacités mentales sont moyennes ou médiocres; elle s'accompagne, en général, d'un important investissement affectif de sa famille nucléaire, lequel ne trouve pas toujours de réponse adéquate, chez le conjoint notamment. Il existe aussi des femmes qui redoutent l'émancipation, craignant de rater leur destin féminin ou de ne plus bénéficier d'une sécurité de forme traditionnelle, à savoir la protection de la part de leur conjoint. Pour les femmes qui ne travaillent pas, la solitude, extrême parfois, engendrée par la vie dans les grands ensembles urbains d'appartements, peut les amener à sortir psychologiquement de leur foyer, en particulier si elles ont peu d'enfants. On pourrait dire en guise de conclusion qu'une femme équilibrée, c'est-à-dire qui ne se défend pas contre ses fonctions biologiques sexuelles d'une part et qui, d'autre part, aurait une insertion sociale sans allure revendicative, a sans doute plus de chances que l'homme de s'épanouir : l'absence de créativité biologique est, en effet, susceptible de frustrer l'homme, soit sur le plan conscient, soit inconsciemment.

La force des stéréotypes de rôles et leur variété ne peuvent être passées sous silence. Il faut d'emblée souligner combien l'estime de soi peut diminuer, à quel point la culpabilité peut être fouettée chez certaines personnes quand il y a discordance entre leur être ou leur mode d'être et ces stéréotypes. Des reproches sont d'ailleurs assez souvent faits à ce sujet par un conjoint à son partenaire. Certains conjoints ou certains couples même vivent, en fonction des stéréotypes de rôles présentés, véritablement par procuration, s'identifiant à des personnes d'un monde particulier, principalement celui du théâtre ou de la télévision. Autre source de culpabilité et d'identification compensatoire est la référence que font d'eux-mêmes certains partenaires ou couples à des personnes ou des couples très exceptionnels, mais par le fait même marginaux. Le couple d'aujourd'hui peut en tout cas devenir « conflictuel » de par la distorsion ressentie entre les modèles présentés dans l'enfance des partenaires qui le constituent et les stéréotypes de rôles auxquels il tente de se conformer à l'heure actuelle. L'un des partenaires ou les deux peuvent ne pas retrouver dans la réalité de l'autre les attentes qu'ils avaient projetées sur lui. Il est sans aucun doute utile de s'étendre davantage sur cet élément, importante source de conflits conjugaux et d'insatisfaction dans la relation conjugale que constitue la divergence entre les attentes de rôles de l'un et les rôles réellement exécutés par l'autre. Le conflit commence à se dessiner quand il y a déclin dans la compréhension entre partenaires à propos des rôles. Un des partenaires, en général, ne saisit pas pourquoi l'autre se comporte de façon nouvelle. La divergence en question peut provenir soit d'une évolution chez un conjoint, soit d'une meilleure perception par l'autre des rôles que ce conjoint joue réellement; ceux-ci n'étaient pas clairement discernés au départ du fait d'une projection des attentes sur ce partenaire. D'un point de vue génétique, le processus des conflits quant aux rôles évolue généralement de façon caractéristique. Lors du choix amoureux, deux personnes estiment que leurs attentes mutuelles sont satisfaites l'une par l'autre. En fait, il y avait bien chez l'un des qualités qui correspondaient à certaines attentes de l'autre; il se produit toutefois, à partir de cet état de choses, une extrapolation : par une espèce d'autosuggestion, chaque partenaire projette sur l'autre toutes les qualités qui répondent à l'ensemble de ses attentes, ce qui aboutit en général à la construction d'une image de l'autre plus ou moins parfaite, mais non réaliste parce que idéalisée. C'est malheureusement souvent dans ce climat qu'a lieu l'engagement légal. A cette époque, le comportement de l'un semble correspondre assez bien aux attentes de l'autre ou même les dépasser. Cependant, à plus ou moins longue échéance, un des partenaires remarque que l'autre n'est pas, eu égard à ses propres attentes, un être aussi idéal pour lui qu'il ne l'avait cru au départ. C'est alors que l'acceptation de l'autre commence à diminuer, que se défend le partenaire qui perçoit maintenant de façon plus réaliste. A tout ceci, l'autre réagit à son tour et ainsi un cercle vicieux s'installe qui amène le couple à une phase d'hostilité ouverte. Cette dernière s'épuise, le moi des partenaires cherchant à se protéger et le couple entre dans une période d'apathie et d'indifférence plus ou moins complète. Il est relativement rare qu'un important rejet particulier se produise pour provoquer la rupture du couple; c'est bien souvent un simple incident, ultime insatisfaction ou désillusion dans l'attente, qui amène cette cassure. Aux U.S.A., à Detroit, une enquête réalisée par BLOOD, R. O., et WOLFE, D. M., a montré que 52 % des femmes mariées se déclarent encore très satisfaites après deux ans de mariage, mais que 6 % seulement le sont encore après vingt ans. Il semblerait que l'homme ressente plus tôt que la femme les frustrations dues à ce processus; peut-être idéalise-t-il plus sa partenaire que ne le fait cette dernière à son sujet. Dans ce contexte, une importance particulière doit être accordée aux facteurs inhérents au background (socioculturel, racial, religieux, génétique, etc...) dans lequel les deux conjoints ont évolué. Les conflits les plus graves sur le plan des attentes de rôles peuvent être mis en rapport avec l'existence d'échelles de valeurs différentes chez les deux partenaires, transmises par leur milieu familial et social d'origine. Ces éléments émergeant du passé de chaque partenaire tendent à figer leurs attentes de rôles à l'égard du sexe qui n'est pas le leur. Malheureusement, ces attentes qui se sont forgées dans l'enfance ont, comme tout ce qui s'est élaboré à cette période de la vie, bien souvent, force d'absolu; c'est précisément l'importance de ce dynamisme qui déterminera la rancœur et l'ulcération des partenaires qui s'estimeront lésés et déçus dans leurs attentes. La méfiance traditionnellement rencontrée à l'égard des mariages « mixtes », c'est-à-dire des mariages où les partenaires sont de race, religion et classe sociale différente, repose en grande partie sur la distorsion plus probable dans ces cas entre les attentes de rôles et les rôles réellement exécutés. Il serait toutefois abusif d'attribuer à ces différences de background la totalité de la dynamique des conflits conjugaux en ces cas. Un partenaire en difficulté à propos de ses attentes de rôles mène rarement seul la bataille : à l'intérieur de la famille se forme souvent un clan dont font généralement partie les parents vivants du conjoint concerné qui s'allient à lui dans une guerre de préjugés contre l'autre partenaire, devenu un véritable bouc émissaire. On peut déjà conclure de cette seule question des attentes de rôles que la rupture d'un couple est rarement un phénomène brutal et plus rarement encore l'effet d' « accidents »; il faut généralement remonter aux sources mêmes de l'union conjugale, plus précisément aux éléments provenant du passé de chaque partenaire qui ont joué lors du choix pour en déceler les causes fondamentales.

Les couples « conflictuels » sont, assez souvent, « infiltrés » de sentiments de culpabilité; ces derniers, dans le contexte actuel, sont renforcés par des tentatives d'adaptation non réussies aux nouvelles hiérarchies de valeurs et de normes, moins structurées et moins contraignantes que celles d'autrefois, mais aussi plus déroutantes, plus insécurisantes. Depuis quelques décennies, mais surtout depuis les deux dernières, on insiste beaucoup et à juste titre sur la réciprocité de l'amour et de l'affection entre partenaires, et aussi sur le droit et la liberté pour chacun de s'épanouir personnellement. Cette quête d'éléments d'un bonheur personnel existentiel, bien difficile à atteindre d'ailleurs, implique à priori, chez certains, qu'un terme soit mis à une union conjugale qui, éventuellement, ne satisferait pas ce désir. On observe parallèlement une moindre soumission aux instances civiques, morales et religieuses, les forces centrifuges, qui, jusqu'il y a peu, étaient plus ou moins bien contrôlées dans le but de maintenir les relations conjugales, jouant de façon très nette à l'heure actuelle. Nos contemporains vivent, en fait, dans une vague anxiété, parfois un désarroi important, face à l'instabilité plus grande des structures de cohésion conjugale et familiale; la signification et l'orientation de leur vie leur paraît d'emblée plus floue. Par ailleurs, la diminution des éléments de soutien extérieurs au couple (sociaux, juridiques, etc...) réclame des conjoints qu'ils tentent de fonder leurs relations conjugales, bien plus qu'auparavant, sur leur communication intellectuelle, sexuelle, génitale et affective. Le couple d'aujourd'hui, s'il veut survivre, doit assumer plus de responsabilités et manifester plus d'initiatives. Plus autonome que les couples de la génération précédente, il lui appartient de constituer lui-même sa propre cohésion. On comprendra facilement que la famille actuelle offre peu d'orientation à la génération montante; celle-ci doit, de ce fait, combattre pour trouver son identité; cette famille qui met l'accent sur l'autonomie, à l'intérieur de laquelle les rôles sont interchangeables et mal définis, qui insiste sur l'aspect unique, personnel des individus qui la composent, assure, en conséquence, peu de sécurité; l'insécurité de base et les problèmes d'identité des enfants et adolescents dans notre société sont probablement dus à ce manque de stabilité de l' « idéologie » et de la structure familiale; les crises qui en résultent ne sont pas résolues par la seule affection des parents : un « leadership » commun d'exemple, différent d'une autorité imposée, doit s'y ajouter; autrement dit, un minimum de transmission d'éléments surmoïques est nécessaire pour que la famille remplisse sa fonction de protection.

La plupart des facteurs qui viennent d'être évoqués ne

rendent pas, en soi, les problèmes conjugaux et familiaux plus fréquents aujourd'hui qu'autrefois. Ce qui semble s'être surtout modifié, c'est le silence et la résignation face aux conflits; ces derniers et leur cortège de frustrations et déceptions sont ressentis avec plus d'acuité et de révolte. On n'accepte plus guère d'être malheureux dans sa conjugalité : le recours à l'aide extérieure, qu'elle soit d'ordre juridique, du domaine du conseil ou de la psychothérapie, est de plus en plus fréquent. Les statistiques actuelles montrent une augmentation importante des solutions juridiques apportées aux problèmes familiaux et conjugaux. Même chez les catholiques, le recours au divorce, quoique moins fréquent que chez les personnes de religion différente ou sans religion, s'est considérablement accru; il en est de même en ce qui concerne la séparation tant légale que de fait. Quand, pour les conflits conjugaux chroniques, il n'est pas cherché de solutions psychologiques ou juridiques, la révolte ouverte se présente souvent à l'intérieur de la famille, ce qui conduit alors à des coexistences particulièrement pénibles, qui peuvent être bien plus douloureuses qu'une simple séparation. Il est patent que les modèles conjugaux d'identification traditionnels ne servent pratiquement plus de normes de référence pour la solution des conflits et des crises chroniques du couple.

## Le choix conjugal et les affinités entre conjoints

### I. LE CHOIX CONJUGAL

Tout être humain aborde la relation interpersonnelle avec certaines évaluations aprioristes sur lui-même, autrui, et le mode de relation qui doit s'établir entre eux.

Aborder un tiers inconnu est toujours anxiogène : on ne

sait pas clairement comment réagir, en manifestant de la confiance, en étant neutre ou bien sur la défensive.

La première démarche d'un sujet face à un autre est de se forger de cet autre une certaine idée ou image. Cette image permet de limiter les moyens expressionnels, étant donné qu'une image déterminée induit, chez une personne, des attitudes plus ou moins fixées, sans qu'il lui faille à tout moment se poser la question des attitudes à prendre. L'autre est ainsi classé, plus inconsciemment que de façon consciente, selon des critères socio-culturels généraux ou propres au sujet lui-même.

Une fois l'image élaborée, le sujet adopte donc des rôles y correspondant, la personne normale ayant à sa disposition une série de rôles possibles à jouer sur le plan social.

L'image qu'une personne veut donner d'elle-même peut ne pas concorder avec celle qui est perçue par un autre sujet. Or, seule compte cette dernière car c'est elle qui amènera cet autre à jouer certains rôles pour se conformer à l'image qu'il perçoit.

Comme par ailleurs l'image à laquelle cet autre se conforme est construite en fonction des rôles que la première personne joue, et que ces rôles sont induits par l'image que cette personne a élaborée de l'autre, on constate que c'est l'image qu'elle a attribuée à l'autre qui pousse ce dernier à jouer certains rôles en retour.

Un exemple d'ordre conjugal sera utile ici. La perception par un conjoint d'une attitude digne, protectrice et autoritaire chez sa partenaire peut l'amener à lui attribuer l'image d'une mère tutélaire ou au contraire d'une personne punitive. Si l'image attribuée est rassurante, le conjoint pourra adopter un rôle correspondant de demande de protection; la partenaire pourra de son côté se conformer à cet appel et jouer ainsi un rôle avantageux. Si l'image attribuée a une allure punitive, le conjoint pourra se montrer « culpabilisé », ou au contraire révolté, formant avec ses enfants un bloc contre la mère, qui est alors supposée punir et, lorsqu'elle le fait, devra faire face aux revendications de son conjoint.

En réalité, l'image a une origine et une structure complexes :

— d'une part, elle est élaborée à partir d'éléments réellement perçus ;

— d'autre part et pour l'essentiel, elle est construite à partir d'éléments fantasmatiques provenant eux-mêmes de l'interprétation de la réalité perçue.

Cette interprétation est réalisée en référence à d'anciens vécus affectifs avec une personne significative du même sexe que le partenaire objet de l'image. Cette personne est le représentant idéal de l'autre sexe, image inconsciente, composée en fait de traits empruntés à plusieurs personnes de ce sexe qui ont joué un rôle significatif dans le passé du sujet.

Cette image inconsciente est l'imago au sens psychanalytique qui fait ainsi dans la construction de l'image fonction de référence intercalaire entre les éléments réels et fantasmatiques.

Il est donc assez normal que l'homme choisisse sa partenaire en partie en fonction de sa mère et réciproquement. La réalité est ici à nouveau plus complexe. L'imago en question contient plus que les éléments mnésiques du père ou de la mère. Par exemple, en ce qui concerne l'image paternelle, elle ne se limite pas au père réel ; elle peut même ne guère y correspondre ; il peut s'agir d'un père auquel sont adjointes des qualités maternelles, ou d'une image mixte parentale ; elle peut comporter des qualités opposées à celles du père réel. L'imago, c'est l'image idéale que le sujet se fait de la personne du sexe opposé.

L'image du partenaire ou d'autrui est préconsciente, tandis que l'imago est inconsciente.

Les partenaires conjugaux normaux sont capables de jouer divers rôles, par exemple, recevoir et donner. Il est à présent utile de souligner que la complémentarité fixée de deux individus chacun dans un rôle donné (par exemple : l'un protège, l'autre manifeste de la faiblesse) ne pose en général aucun problème. Un choix conjugal est, sans aucun doute, hautement déterminé, qu'il s'agisse d'une conjugalité légale ou non.

Ce qui vient d'être écrit constitue l'axe psychodynamique basal des choix conjugaux. A cet axe, peuvent s'adjoindre d'autres éléments qui le renforceront, l'infléchiront ou le modifieront selon les cas.

Le choix peut tenter de satisfaire certaines tendances profondes, ou au contraire être réactionnel à ces mêmes tendances (une tendance peut s'actualiser à l'état pur ou se manifester par son contraire), ce qui fournit des complémentarités apparentes.

Par ailleurs, il est connu que tout être humain tend à diminuer les tensions liées à ses conflits ; dans beaucoup de cas, le choix conjugal vise précisément à apaiser l'anxiété liée à d'importants conflits inconscients ou à satisfaire des besoins psychologiques de base. Il peut y avoir aussi par le choix recherche de protection par le partenaire contre des tendances qui s'accompagnent chez lui d'affects négatifs divers et qu'il craint de ne pouvoir contrôler ; par exemple, un homme autoritaire travaillant dans le secteur social peut être choisi par une femme peu mûre dans le but de faire interdire par son partenaire l'actualisation de tendances donjuanesques qu'elle craint de ne pouvoir contenir seule.

Dans beaucoup de choix conjugaux on peut déceler une identification de l'Objet choisi par le sujet à son propre idéal du moi. Certains auteurs d'inspiration analytique font appel aux pulsions orales incorporatives dans leur explication de l'identification objectale observée dans le choix.

Comme le rappelle LEMAIRE J.-G., il ne faut pas non plus perdre de vue que beaucoup de sujets choisissent leur conjoint en fonction d'une appréciation positive d'eux-mêmes par des membres de leur propre sexe, ou par leur milieu en général; dans ces cas, le choix ne se fait pas totalement en référence à l'Objet qui ignore quasi toujours les critères de choix qui lui sont étrangers, en l'occurrence des tendances homosexuelles latentes; ce processus est particulièrement net chez les personnes dont le comportement amoureux est polarisé sur la conquête hétérosexuelle d'un Objet déjà possédé. Parfois, les critères du choix sont en majeure partie indépendants de l'Objet dans sa dimension relationnelle; l'attraction à l'égard de l'Interdit (partenaires mariés, certains ministres du culte) est un exemple de ces critères; dans ces cas, la violation de l'Interdit entraîne quasi automatiquement l'extinction de l'attirance.

## 2. LES AFFINITÉS CONJUGALES

Quand on analyse en détail la conjugalité, on constate immanquablement que des éléments relevant de mécanismes névrotiques y sont assez répandus. C'est dans la stabilité durable d'une conjugalité authentique que la fusion des pulsions est la plus nette sur l'Objet élu qui y répond de façon parallèle.

Les patterns d'interaction conjugale sont essentiellement le fruit à la fois de phénomènes projectifs et de compulsions de répétition, c'est-à-dire de tendances à revivre les premières relations objectales; il s'agit là d'ailleurs de mécanismes psychologiques assez généralisés : en fait, à travers toute notre vie, nous introjetons des parties de notre environnement et nous projetons une partie de notre inconscient autour de nous.

Ce mécanisme fait que chaque partenaire maintient des

relations circulaires entre sa famille parentale, cette famille intériorisée et la projection de celle-ci sur la famille nucléaire établie quand il devient adulte; ceci explique la ressemblance souvent observée entre un beau-père et son gendre ou entre une épouse et la sœur de son mari. Le premier élément introjecté est la mère; plus tard seulement les autres images (père, frère, sœur, etc...) passeront dans l'inconscient infantile.

Les personnalités à la fois intellectuelles et rigides ont des difficultés à admettre l'existence de ces éléments instinctuels et inconscients de la conjugalité, alors qu'elles comprennent et assument beaucoup mieux les aspects sociaux et juridiques de celle ci.

Le choix du conjoint et la vie conjugale permettent, de toute évidence, quand ils sont normalement vécus, de contenir et de camoufler des éléments régressifs, tels que le repos, le sommeil, des besoins d'ordre biologique et psychologique, éléments dont la version pathologique commence à poindre quand la conjugalité elle-même se désagrège.

Une étude poussée de la relation conjugale pourra mettre en évidence des tendances primitives à mettre en rapport avec les avatars de la psychogenèse individuelle, des manifestations de désirs archaïques non satisfaits et une organisation défensive y correspondant. Pour tout dire, c'est dans la vie conjugale que se manifesteront les tendances les plus insatisfaites, celles dont les possibilités de satisfaction ne peuvent exister en dehors d'elle-même; en particulier, c'est en elle que les insatisfactions dans les besoins ou les désirs, réprouvés sur le plan social ou plus simplement psychologiquement interdits dans des relations moins denses, seront plus ou moins comblées; celles relevant de tendances non génitales en forment un exemple assez net.

Ces éléments régressifs sous-tendus, pour employer la terminologie analytique, par le principe de plaisir, coexistent toutefois avec des appels inéluctables au principe de réalité ; cette coexistence renforce encore la densité de la relation conjugale. En ce qui concerne la question des besoins régressifs dans la conjugalité, il convient de se rendre compte que, pendant toute la vie conjugale, il s'agit pour les partenaires de découvrir l'équilibre le plus judicieux entre les besoins psychologiques de base (dépendance, amour et sécurité) et ceux qui poussent l'être à l'autonomie personnelle (psychologique, sociale, économique), à l' « agir » et à l'actualisation déterminée de soi ; un couple qui se veut authentique ne peut renoncer à cette recherche : une protection excessive peut être frustrante, une trop grande liberté peut être anxiogène. La conjugalité constitue ainsi un test de maturité émotive ; c'est au fond la pérennité de cette ambiguïté fondamentale qui distingue la relation conjugale de la relation psychothérapeutique ou d'ordre psychologique intensives.

Il existe aussi des similitudes entre une psychothérapie ou une relation d'aide psychologique intensives et le phénomène conjugal. Les deux suscitent l'apparition du transfert ; si la psychothérapie ou relation de conseil intensives amènent le transfert d'éléments infantiles dans la situation psychothérapeutique ou d'aide psychologique, la conjugalité donne la possibilité de transférer les images inconscientes de l'enfance et de la vie de famille dans le présent réel. Lorsqu'on envisage l'aspect thérapeutique dans ces deux types de relations, s'il existe dans le second cas, il est peut-être moins garanti mais en tout cas plus spontané.

Tous les psychothérapeutes ou les conseillers du couple savent aussi combien importante est l'infiltration narcissique dans une relation conjugale, sans qu'elle ait toutefois l'aspect choquant, pour ne pas dire plus, qu'elle peut présenter dans un autre contexte. Les désirs narcissiques, manifestés déjà dans le choix conjugal, se satisfont dans la relation conjugale.

A propos du conflit œdipien, on a trop souvent tendance à oublier que les enfants n'y sont pas seuls engagés : les parents eux-mêmes s'y trouvent impliqués et ce, de façon d'autant plus délicate que leur propre situation « conflictuelle » œdipienne ancienne n'a pas été ou a été mal résolue.

GROTJAHN, M. prétend qu'un homme aime, en sa femme, la femme qu'il voudrait ou aurait voulu être, et réciproquement. Nous retrouvons ici la question du désir de créativité biologique chez l'homme et de l'envie du pénis chez la femme. Certains ont prétendu que des éléments névrotiques contaminaient la famille dans sa totalité. Avant 1940, LAFORGUE, R. affirmait l'existence habituelle et normale de traits névrotiques dans la psychodynamique familiale. En 1936, cet auteur parle pour la première fois de « névrose familiale », affirmant que la névrose du mariage répète la situation infantile et spécialement la relation frère-sœur, que l'étude de la névrose familiale est une étude de « psychopathologie normale » et que chaque famille est une famille névrotique.

A la lecture de ce paragraphe consacré au choix conjugal et aux affinités entre conjoints, on comprendra aisément que la conjugalité peut en beaucoup de cas être considérée comme une adaptation (ou un essai d'adaptation) défensive à l'égard d'éléments dont certains sont potentiellement pathologiques. Vue sous cet angle, la conjugalité peut être une arme préventive et parfois curative de troubles psychopathologiques.

## Déterminants psychologiques des conflits conjugaux chroniques et modes expressionnels de ces derniers

Déjà avant 1914, FREUD S., avait souligné les éléments névrotiques qui contaminaient certains choix conjugaux. Toutefois, il est utile de savoir que la présence d'éléments psychopathologiques nets dans un couple n'est pas, en soi, source de conflit conjugal.

Il convient d'abord d'établir une distinction entre le terme « conflit » et le vocable « crise ». Le conflit désigne l'opposition entre sujets en relation ; cette opposition peut aller de l'hostilité contenue à la lutte évidente, avec mise en œuvre de l'agressivité sous ses différentes formes et de mécanismes défensifs ; le conflit conjugal peut être considéré comme une phase d'acuité plus grande de la crise conjugale.

Le terme « crise » désigne un phénomène auquel doit faire face tout individu humain ; la vie d'un sujet et surtout ses relations interpersonnelles ne sont pas formées d'équilibres statiques définitivement fixés, mais plutôt d'une succession d'équilibres temporaires, rompus ou rétablis au cours de crises plus ou moins importantes et plus ou moins fréquentes. Les crises du couple marquent donc l'installation d'un déséquilibre et la recherche d'une nouvelle forme d'équilibre ou le désir d'un retour au statu quo antérieur.

En général, seuls les couples dont les partenaires ont des affinités denses et durables acceptent de faire face à la crise ; les autres, le plus souvent, rompent leurs liens dès que celle-ci se dessine ; la souffrance qui lui est inhérente leur paraît inutile parce qu'est précaire leur cohésion constitutive. La crise représentant pour un ou les deux conjoints un traumatisme de retrait infligé par l'Autre Objet qu'ils s'étaient approprié au départ, la réaction de défense première sera le désinvestissement de cet Objet, quand le couple avait des assises fragiles ; mais la réalisation de ce processus sera d'autant plus difficile et plus improbable que l'investissement lui-même aura été puissant, la première réaction de la personne traumatisée étant plutôt dans ce cas de tenter de retrouver l'équilibre initial.

La crise, dans son aspect de renoncement à un état d'équilibre donné, a une valeur « maturative » identique à celle du renoncement au désir de comblement dans les premières phases du développement psychogénétique ; son dépassement par un sujet est à mettre en rapport avec une « assumation » de la castration.

Si on le compare à la crise, le conflit peut avoir plusieurs significations : l'hostilité qui s'y manifeste est, dans certains cas, liée à la solution de la crise ; mais le conflit pourra aussi être le reflet d'un refus de solution de la crise ou d'une non-acceptation de cette dernière. On entrevoit donc que, selon les cas, le conflit comportera une dimension constructive ou aura une orientation négative.

Dans la suite de cet ouvrage, nous parlerons en règle générale de conflit et non de crise, parce que le terme «conflit» est plus communément admis que le vocable « crise » pour désigner les interactions psychologiques dysfonctionnelles.

Il est des cas où le conflit conjugal est d'emblée inscrit dans les projections qui ont lieu lors du choix.

Dans d'autres cas, le conflit apparaît parce que se modifient ultérieurement les coordonnées en rapport avec ces projections.

Dans le premier cas, les causes du conflit peuvent être décrites en fonction de différents mécanismes.

Selon les projections elles-mêmes.

Quand on analyse le contenu de celles-ci dans les couples, on constate que celui-ci pourra avoir diverses orientations :

— Il peut être hétérosexuel, ni trop à distance, ni trop proches des figures œdipiennes ; dans ce cas, trois hypothèses sont envisageables en ce qui concerne le partenaire :

— il est, dans sa réalité, suffisamment proche des éléments projetés et une conjugalité sans problèmes de départ se construit ;

— il peut se faire qu'il ne veuille pas se conformer plus ou moins à ces projections, alors qu'il en a les capacités ;

— il est incapable de se comporter selon ces projections parce que la distance entre celles-ci et son clavier comportemental est trop grande; les projections se sont polarisées sur un objet inadéquat; le choix est alors mauvais.

— Il est possible qu'il soit hétérosexuel mais trop proche des figures œdipiennes. C'est en ce cas qu'on verra certains sujets manifester le désir de posséder de façon conquérante et exclusive une personne du sexe opposé. Ils sont mus par un désir tardif d'accomplissement œdipien. Le complexe non résolu est réactivité au moment du choix. Les menaces de castration qui surgissent quand le tabou de l'inceste a été transgressé au niveau fantasmatique mènent souvent à l'impuissance sexuelle ou à la frigidité. L'idée de conquête resurgit parce que l'Œdipe n'est pas résolu et que des difficultés sexuelles se sont manifestées. Le sujet s'engage dans des relations extra-conjugales et le cercle vicieux commence : conjugalité névrotique, relations extra-conjugales, divorce, nouvelle conjugalité névrotique...

— Il peut aussi être de nature homosexuelle; c'est le cas, par exemple, quand une femme projette sur son conjoint l'image de sa mère ou de sa sœur. Le type des projections conjugales est confusément connu du partenaire sur qui elles se polarisent; lorsque leur contenu est de nature hétérosexuelle, elles sont facilement « assumées »; mais quand les projections sont de type homosexuel, elles peuvent susciter chez le partenaire choisi une inquiétude plus ou moins sérieuse quant à son identité sexuelle.

— Les éléments de projection pourront être hétérosexuels mais le partenaire fait l'objet d'un transfert trop positif; ses aspects négatifs sont scotomisés; ce processus produit une idéalisation excessive de ce partenaire. La « désidéalisation » d'un conjoint trop idéalisé au départ est la cause des ruptures de couples à complémentarité réelle mais « infiltrée » d'éléments non perçus et négatifs. Le conflit éclate quand un partenaire, dans sa réalité dévoilée, ne correspond plus au désir de l'autre.

Ce mécanisme se déroule généralement comme suit :

— Au moment du choix se produit un investissement excessif par un partenaire de l'image de l'autre amenant une complémentarité accompagnée d'une importante méconnaissance.

— Au moment des crises a lieu une « désidéalisation » déstructurante de cette image.

— Lors du conflit, on observe que le partenaire qui a trop idéalisé l'autre s'accroche de façon nostalgique à son ancienne image avec refus de la réalité de cet autre, contraint à jouer des rôles qu'il n'accepte plus et contre lesquels parfois il se révolte.

L'idéalisation est en fait un phénomène normal dans la phase de formation du couple; c'est son excès qui risque de provoquer le conflit; le choix conjugal est donc en partie aveugle puisque le conjoint n'est pas perçu dans sa réalité totale, entre autres dans ses aspects négatifs. Au cours des crises, fructueuses et normales, les perceptions transférentielles positives vont diminuer, suite à la confrontation avec la réalité et les inévitables frustrations de la vie quotidienne. Le conjoint est finalement « désidéalisé », perçu dans tous ses aspects et situé plus justement.

En termes de relations objectales.

L'enfant qui grandit intériorise des « objets » avec lesquels il aura certains types de relations. Ces objets intériorisés peuvent être « bons » ou « mauvais ». Le processus de développement habituel consiste dans le passage, grâce au testing de la réalité, de l'assimilation d'objets classés sans nuances soit comme « bons », soit comme « mauvais », à une diminution des contrastes entre « bons » et « mauvais » objets et à une augmentation de leur ambivalence qui sera vraiment assumée quand l'enfant lui-même polarisera des sentiments opposés sur le même Objet et ne s'étonnera plus qu'il peut lui-même mobiliser chez un tiers des réactions affectives assez éloignées les unes des autres. L'ambivalence est progressivement tolérée par l'enfant tant chez lui que chez les autres, à condition qu'il ait pu expérimenter celle-ci chez ses propres parents. Normalement, l'enfant introjecte plus d'objets « bons » que d'objets « mauvais ».

Il est des cas où les parents ont frustré certains besoins psychologiques de base chez leurs enfants, à tel point qu'ils deviennent à un niveau plus ou moins inconscient de « mauvais » objets, c'est-à-dire des objets de haine. S'installent alors des mécanismes de défense très rigides qui empêchent des réponses adaptées et créatives face à un Objet d'amour, l'individu demeurant toujours aux prises avec de « mauvais » objets internes.

Dans la conjugalité, un conjoint qui serait handicapé par ce phénomène risque fort d'avoir des attitudes infantiles, hostiles et contradictoires vis-à-vis de son partenaire, qui peut en général difficilement trouver en lui-même l'origine de celles-ci. La présence de parents, « mauvais » objets, est souvent décelée dans l'étiologie de la discorde conjugale.

L'aspect « maturatif » et thérapeutique de l'interaction conjugale est bloqué dans ces cas, parce qu'il y a eu sur le conjoint projection trop importante d'objets « mauvais » intériorisés.

Ce dysfonctionnement est en fait très grave puisqu'en plus de cette projection (inconsciente) trop importante de « mauvais » objets sur le partenaire, il y a idéalisation partiellement consciente de ce dernier. La distorsion dans l'interaction conjugale est donc dans ce cas très douloureusement ressentie.

Dans la plupart des conflits, il existe une ambivalence plus ou moins grande des partenaires, l'un à l'égard de l'autre ; tant que l'image du conjoint reste vaguement investie de façon positive, l'espoir demeure que la crise soit un jour franchie de façon bénéfique pour le couple actuel.

En fonction du jeu de l'instance surmoïque et de l'idéal du moi.

Une situation conjugale « conflictuelle » peut s'installer d'emblée lorsqu'un partenaire n'accepte pas la personnalité réelle de l'autre, mais réclame que ce dernier se comporte selon les exigences projetées de son surmoi, son idéal du moi ou ses modèles ou normes intérieurs. Il y a souvent résistance chez le conjoint, objet de ces projections, et agressivité ainsi que retrait d'amour chez son partenaire. Ce dernier peut rechercher une tierce personne, renouvelant ou non l'expérience primitive.

Les conflits conjugaux qui surgissent d'emblée ont en général deux causes principales : soit une non-tolérance de l'ambivalence chez l'un ou les deux partenaires, soit un degré insuffisant de congruence entre l'image qu'un partenaire s'est forgée de son conjoint et la personnalité réelle de ce dernier.

Quand les conflits conjugaux ne sont pas inscrits d'emblée dans le choix, pourquoi peuvent-ils apparaître ultérieurement dans la vie conjugale ?

Cette seconde catégorie de conflits conjugaux chroniques, vraisemblablement la plus importante, provient d'une modification dans la complémentarité des affinités entre partenaires.

La crise s'amorce à un moment donné quand un des deux partenaires refuse d'assumer ses rôles complémentaires et adopte d'autres rôles, soit similaires à ceux de son partenaire, soit non complémentaires. Cette attitude peut avoir diverses raisons : pertes des bénéfices secondaires des rôles, maturation spontanée ou provoquée (par une psychothérapie intensive, par exemple), prise de conscience avec modifications comportementales, etc...

En ce cas, le conflit évident en tant que rupture dans le dialogue interpersonnel, temporaire ou définitif, n'apparaît ni de façon brusque, ni accidentellement. Il découle de modifications lentes et insidieuses des coordonnées du choix conjugal.

L'évolution unilatérale d'un partenaire amène la rupture de la complémentarité et peut entraîner l'effondrement de l'autre.

Une conjugalité secondairement «conflictuelle» ne provient donc pas de l'aspect pathologique ou non de la complémentarité des partenaires, mais plutôt de la perte de cette complémentarité, qui est, pour le partenaire en retard d'évolution, particulièrement anxiogène.

Cette affirmation se trouverait vérifiée dans la constatation de son corollaire : la similitude psychologique des partenaires devrait être une source d'angoisse et de conflit, puisqu'elle rétrécit, de fait, les possibilités de défense commune contre l'anxiété (chaque partenaire réclamant de l'autre la satisfaction de ses besoins psychologiques se voit offrir en réponse des attitudes similaires aux siennes propres, défensives et souvent à la limite de la défaillance).

A ce propos précisément, une étude comparative à travers le Rorschach des partenaires de couples conflictuels a été réalisée en 1972 par FLIPOT, G. et nous-même. La visée était de renforcer et non de vérifier une hypothèse de travail. Elle a été polarisée sur les cinq points suivants : structure, affectivité, psychogenèse, sexualité et relations humaines. Les résultats renforcent l'impression clinique qu'une tendance à la similitude entre partenaires peut être source de conflit à partir du moment où l'un des partenaires n'accepte plus de fournir à l'autre le bénéfice de la complémentarité, mais au contraire s'identifie à ce dernier; ce mécanisme peut évidemment jouer d'emblée dans la mesure où deux personnes psychologiquement semblables se choisissent.

La fixation de la complémentarité des partenaires peut s'ancrer à des stades différents de leur psychogenèse. Autrement dit, le jeu complexe des rôles et images dans la conjugalité est différent d'un couple à l'autre, en fonction de facteurs liés à l'évolution psychogénétique des partenaires. Ces facteurs sont éventuellement à mettre en rapport avec le type d'anxiété qui détermine de façon quantitative l'intensité des attentes qu'un partenaire a de l'autre.

Il existe un rapport entre l'intensité de l'anxiété et l'importance de la souffrance personnelle liée au conflit. On peut distinguer deux modalités du « vécu anxieux » s'exprimant de façon différente dans les conflits conjugaux : il s'agit de l'anxiété de base d'une part et de l'anxiété de castration d'autre part.

L'anxiété de base, à rapprocher de l'anxiété existentielle ou métaphysique, « infiltre » le type de conjugalité dans laquelle l'autre est perçu comme un complément indispensable presque « viscéral », assurant une sécurité fragile quoique fondamentale. La relation entre partenaires est marquée d'une ambivalence importante; elle passe de l'accrochage passionnel à la haine et au rejet et ce, avec un contraste d'autant plus net que l'anxiété de base est plus importante.

Ce type d'anxiété module les relations du type « sauveur-sauvé », telles que celles entre un sujet abandonnique et son complément, une personne atteinte du syndrome « pseudo-héroïque » ou encore la relation « sado-masochiste » perverse. Quand la relation est franchement psychotique, elle prend la forme « persécuteur-persécuté » ou de dépressions « à bascule ». La rupture de la complémentarité provoque dans ces cas la dépression anxieuse avec ou sans effraction psychotique.

L'anxiété de castration mobilise des mécanismes agressifs et défensifs élaborés d'une part dans la phase d'intrusion et d'autre part dans la période du conflit œdipien où existe la menace de castration. Cette anxiété contamine les rapports d'agressivité exprimée (ou accompagnée de sentiments de culpabilité) dans les couples du type « dominateur-dominé », « esclave-maître », qui, lorsqu'ils deviennent chroniquement « conflictuels », mettent en jeu des mécanismes agressifs et défensifs névrotiques appartenant aux registres hystérique et obsessionnel. Une rupture dans la complémentarité déclenche la dépression dysphorique, avec une symptomatologie somatique nette ou pas.

Dans les modes de conjugalité où se décèle un équilibre peu stable dans les défenses contre l'anxiété, la faillite de la complémentarité amène presque toujours un conflit d'autant plus grave que l'anxiété du partenaire est intense.

Les propriétés préventives ou curatives sur le plan mental, constituées par de solides et durables affinités conjugales, peuvent donc disparaître au détriment du couple quand l'un des conjoints s'engage dans une phase « maturative », c'est-à-dire devient moins dépendant à l'égard de ses besoins régressifs. Ce problème de l'évolution « maturative » unilatérale devrait toujours être présent à l'esprit de ceux qui acceptent de prendre en charge sur un mode psychothérapeutique (ou de relation de conseil) intensif un partenaire d'un couple ; même une psychothérapie (ou une relation d'aide psychologique) conjugale bien menée peut amener un couple à sa dissolution, parce que la maturation peut se faire plus lente chez un conjoint que chez l'autre, le psychothérapeute (ou le conseiller) ne parvenant pas toujours à synchroniser l'évolution des partenaires.

Quand les besoins mutuels de deux partenaires ne sont plus satisfaits du fait de l'évolution unilatérale de l'un d'entre eux, apparaissent chez l'autre l'anxiété et la menace à l'égard

de son identité. Secondairement à la frustration, le ressenti-
ment et la rancœur se glissent dans la relation dont l'équilibre
peut se rompre. Les réactions possibles du partenaire qui
subit l'évolution de l'autre seront décrites ultérieurement.

La maturation unilatérale d'un partenaire peut être
provoquée par des éléments très subtils, par exemple,
l'ascension professionnelle, le changement de profession, la
transplantation dans un milieu géographique différent, des
bouleversements sociaux, etc..., tous éléments qui agissent
sur le couple par voie psychologique mais dont le retentissement subjectif n'est pas toujours perçu clairement par le
conjoint le moins concerné qui n'envisage pas de s'adapter à
ces éléments de mutation; parfois, ces éléments très subtils
auxquels nous venons de faire allusion sont clairement
perçus, mais provoquent une sidération anxio-dépressive
sans adaptation, la distance entre l'image projetée et l'image
réelle, acceptable jusqu'au moment où les changements se
produisent, étant devenue intolérable par son accroissement.

Cette évolution unilatérale est assez fréquente chez les
couples dont les conjoints présentent une différence d'âge
importante : le fonctionnement du couple sur un mode
« parent-enfant », évident au départ, est bouleversé la plupart
du temps au détriment du conjoint « parent » si l'autre
partenaire s'oriente vers une maturité adulte; dans ces
couples, c'est le plus souvent la femme qui est l'élément
jeune, ayant adopté au départ des rôles infantiles; la femme
est alors d'autant plus susceptible d'évoluer qu'est sérieuse
son immaturité, d'une part, et importante sa « centration »
affective à l'égard de sa famille nucléaire, d'autre part.

Il ne serait cependant pas réaliste de croire que seules les
femmes peuvent en arriver au type d'évolution qui vient
d'être décrit; un certain nombre d'hommes immatures
recherchent chez leur conjointe une image maternelle plus
nette que celle habituellement offerte par la femme; ils pola-

risent alors leur choix conjugal sur des femmes non seulement plus âgées qu'eux mais dont la profession présente une composante salvatrice (assistante sociale, infirmière, etc...) qui leur confère un caractère à la fois protecteur et garant de sécurité ; quand l'époux immature veut se libérer de la tutelle, le couple passe par une crise qui, souvent, aboutit à la rupture.

Cette évolution unilatérale dangereuse pour le couple est fréquemment celle qui menace des conjoints dont l'un est dominateur et l'autre dominé ; la révolte possible (mais pas inexorable) du dominé est très mal ressentie par l'élément dominant qui, d'ailleurs, n'a pas toujours conscience de ses tendances.

Les situations de dépendance et de soumission peu ressenties dans l'idéalisation de départ peuvent, particulièrement de nos jours, finir par être mal tolérées parce qu'il est fort insisté sur l'autonomie personnelle et que la prise de conscience de ces situations va parfois de pair avec des sentiments de culpabilité d'origine culturelle. Il arrive même que des situations de dépendance et de soumission étroitement sous-tendues par des motivations inconscientes permettant, en soi, une satisfaction appréciable, soient refusées au nom de l'insistance actuelle sur l'autonomie.

Nous aurons l'occasion de voir plus loin qu'une des attitudes défensives les plus fréquentes du partenaire qui assiste à l'évolution de l'autre est de tenter de faire revenir cet autre en arrière afin que le couple retrouve son état premier d'homéostasie.

Le conflit conjugal peut se manifester soit de manière indirecte par une symptomatologie individuelle assez diversifiée, soit directement par des manifestations dont la tonalité agressive est évidente pour l'entourage familial, social ou thérapeutique.

La quiétude d'un couple peut, certes, être le reflet de sa sérénité mais peut tout autant camoufler un conflit.

Les symptômes indirects du conflit conjugal sont variés, peuvent induire en erreur, c'est-à-dire être considérés pour eux-mêmes, et ainsi masquer le conflit; ce sont essentiellement :

1. Des symptômes individuels d'ordre psychique, psychosomatique ou sexuel. Sur le plan psychique individuel, les symptômes reflets d'un conflit conjugal relèvent en général d'une pathologie très délicate et nuancée pouvant être niée par les conjoints; les aspects cliniques de cette pathologie sont dans la majorité des cas limités aux relations existant entre les membres d'une famille ou d'un couple. Malgré cette étroite limitation de la symptomatologie, les conséquences de la pathologie conjugale peuvent être assez graves pour avoir des retentissements sur le plan juridique et social. C'est donc cette délimitation précise de la pathologie, parfois sa négation ou son ignorance par les partenaires jugés sains d'esprit sur le plan social, qui caractérise souvent les dysfonctionnements psychologiques du domaine amoureux. En d'autres termes, la pathologie névrotique ou même psychotique individuelle dépendant de conflits conjugaux, fréquemment ne s'exprime que dans la conjugalité, les autres relations des partenaires restant relativement saines.

Quant aux plaintes d'apparence somatique traduisant des conflits conjugaux, elles ont une importance toute particulière en médecine organique. En effet, les remèdes prescrits seront sans bénéfice tant que le praticien n'aura pas soupçonné que les symptômes traduisent l'existence d'un conflit interpersonnel. Il est difficilement admissible que certains médecins auxquels sont confiées des difficultés d'ordre conjugal avec retentissement fonctionnel ou organique évitent l'affrontement éventuel de leur propre anxiété

en limitant volontairement leur intervention au plan somatique, se refusant ainsi systématiquement à aborder les vrais
problèmes de leurs patients. Si la pathologie dont un patient
se plaint à un médecin ne s'explique pas clairement sur le
plan organique et si le praticien a recueilli suffisamment
d'indices pour estimer que très probablement le fond du
problème réside dans un dysfonctionnement conjugal, il
doit s'efforcer, avec tact, de faire comprendre au client que
les problèmes de son couple sont sans doute à l'origine de
ses symptômes et qu'en conséquence la solution ou l'atté-
nuation de ses difficultés psychologiques améliorera ou
supprimera ses troubles. Le médecin doit savoir également
qu'il est rare qu'un client se présente chez lui pour déclarer
avoir des problèmes conjugaux. Cette question des symptômes psychosomatiques est d'autant plus complexe que la
plainte d'allure organique peut tout aussi bien être la cause
que la conséquence du conflit, ce qui renvoie au fameux
cercle vicieux de la médecine psychosomatique.

2. Des symptômes sociologiques tels que le repli du couple
sur lui-même, l'investissement excessif de la profession (ou
des activités ménagères), parfois l'inefficacité professionnelle
(ou au foyer).

3. Enfin la pathologie de l'enfant.
Nous souscrivons, à ce propos, aux conceptions de
LEMAIRE, J.-G., avec quelques nuances toutefois. C'est
surtout cette morbidité qui force le psychologue d'enfants
et le pédopsychiatre à s'interroger sur la psychodynamique
du couple et de la famille.
L'enfant, psychosomatique, caractériel, aux prises avec
des difficultés scolaires, etc..., dénonce des altérations évidentes ou subtiles de la dynamique psychologique parentale
ou dans sa famille nucléaire ; dans cette pathologie psychique
de l'enfant, l'interaction conjugale parentale est le plus

souvent en question; le manque de satisfaction entre les parents se projette sur l'enfant, qui devient ainsi le pôle d'attraction des frustrations, des désirs de l'un ou l'autre de ses parents. Cette affirmation trouve son corollaire dans la pratique des psychothérapies ou relations d'aide psychologique chez l'enfant : l'évolution de l'enfant, symptôme de la crise conjugale, peut rompre l'équilibre tout relatif d'un ou des deux conjoints et susciter la crise ouverte qui forcera ou non les parents à demander eux-mêmes une aide psychologique. L'évolution positive de leur enfant n'est pas souvent acceptée par les parents qui, par narcissisme, refusent de voir que l'enfant médiatisait pour le monde extérieur le dysfonctionnement de leur interaction conjugale. Rares sont les cas où les parents reconnaissent autrement que de manière cognitive (par exemple, en s'engageant eux-mêmes affectivement et intellectuellement dans une psychothérapie ou une relation d'aide psychologique) leur implication dans la pathologie mentale de leur enfant, et, dans ces cas déjà exceptionnels, on verra le plus souvent les parents tenter de dissocier leurs efforts psychologiques personnels de l'aide accordée à l'enfant, voire abandonner ceux-ci quand l'occasion rationnelle leur sera donnée de fermer les yeux. L'idéal, dans ces cas où les parents entrevoient leur implication dans la pathologie psychologique de leur enfant est d'engager l'ensemble du groupe « parents-enfants » dans une approche familiale globale, modalité dont nous parlerons dans un chapitre ultérieur de cet ouvrage.

Si les parents dissocient leurs problèmes de ceux de l'enfant après les avoir mis en corrélation, et poursuivent leurs efforts en vue d'une meilleure harmonie entre eux, une importante victoire est toutefois acquise.

Il existe donc un véritable mur défensif collusivement bâti par les parents et érigé contre l'aveu de leur implication, mur où s'affiche leur précaire équilibre, et qui sert de rempart aux demandes émanant des spécialistes.

Certains parmi ces parents acceptent cependant le recours à un conseiller conjugal, évitant ainsi le traumatisme narcissique de s'avouer ouvertement déséquilibrés sur le plan psychique. Cette fonction du conseiller est en fait très ambiguë : il pourra en effet soit s'en tenir à une relation d'aide psychologique limitée, allant de ce fait dans le sens implicitement demandé par ses clients, camouflant donc, lui aussi, les aspects psychopathologiques chez les parents, soit engager ces derniers dans une relation d'aide psychologique intensive, soit servir de tremplin pour le transfert à un spécialiste, demandant alors aux parents de dépasser la blessure infligée à leur narcissisme.

En tout cas, les pédopsychiatres ou psychologues d'enfants se doivent d'être interventionnistes auprès des parents dans le but de les faire participer à la thérapie de leur enfant ou à une psychothérapie (ou relation de conseil) conjugale ou familiale dès qu'ils perçoivent clairement que la psychopathologie de l'enfant pris en charge est à mettre en rapport avec un trouble de l'interaction conjugale parentale.

C'est l'abord du système dyadique « mère-enfant » qui reste un des aspects privilégiés de cette collaboration parentale; qu'il suffise de mentionner les problèmes d'anorexie mentale, de schizophrénie infantile, du passage à l'acte chez l'enfant par complicité inconsciente de la part de la mère. Le père et le groupe-couple sont en fait relativement moins sollicités.

Le conflit ouvert est caractérisé par :

— sur le plan qualitatif des moyens expressionnels, les mécanismes d'agression et de défense utilisés par les partenaires du couple.

Le conflit conjugal chronique est en partie le reflet de conflits intrapsychiques;

— sur le plan quantitatif du degré d'expression, l'intensité du conflit, très difficile à analyser.

Utile au pronostic et à l'établissement du rythme en psychothérapie ou relation d'aide psychologique, l'appréciation de cette intensité est doublement subjective (dans le chef du client et celui du psychothérapeute ou du conseiller). L'aspect dramatique et l'importance de la perturbation sociale sont trompeurs. Les modes d'expression varient en effet entre la tragédie et la comédie et ne peuvent être intégrés dans un sens ou l'autre qu'en tenant compte de la façon habituelle de s'exprimer qu'ont les sujets eux-mêmes, en fonction de leurs milieu, culture et personnalité. Un meilleur indice de mesure de l'acuité du conflit est l'importance de la souffrance individuelle, estimation de l'intensité de l'anxiété et de l'agressivité.

Dans un conflit ouvert, les perturbations d'allure psycho-sociologique dans le fonctionnement conjugal ou familial apparaissent clairement tant aux yeux des conjoints que de tiers. Ces perturbations formeront les plaintes de départ en consultation conjugale; la jalousie morbide et l'incompatibilité caractérielle en sont des exemples.

En psychothérapie ou en relation d'aide psychologique conjugales, les mécanismes du conflit apparaissent au fur et à mesure de l'évolution des entretiens. Ceux-ci présentent divers stades. Il y a tout d'abord la présentation rationalisée des symptômes du conflit, ou l'exposé du conflit lui-même rationalisé. Cette rationalisation du conflit est un phénomène bien connu de tout psychothérapeute ou conseiller du couple. Elle est suivie de sa mise en question suite à la perception de contradictions dans le discours.

A partir de ce moment peut s'opérer la prise de conscience du jeu des désirs inconscients et de la projection sur l'autre d'une image correspondant à ces désirs et besoins personnels.

C'est alors que le psychothérapeute ou le conseiller du couple reconnaissent la relation imaginaire en jeu dans la dyade conjugale.

## Quelques classifications en gamologie

Bien que la psychothérapie (ou la relation d'aide psychologique) en matière conjugale et familiale soit devenue une réalité, l'appréhension du mode de fonctionnement des couples, normal ou pathologique, de l'origine de leurs troubles et de leur symptomatologie éventuelle est encore rudimentaire. Quelques typologies ont toutefois été élaborées, dont quelques-unes seulement seront ici présentées.

A. VICES GÉNÉTIQUES DU MARIAGE. (ACKERMAN. N. W.) [1]

On peut qualifier de la sorte les failles potentiellement inscrites dans l'engagement.

— Le mariage accidentel, par exemple nécessité par la grossesse.

Il est évident que ce mariage ne présente plus de risques que les autres que s'il est contracté sans amour, par honneur ou par obligation.

— La relation conjugale abortive ou temporaire, au départ engagée comme une sorte d'aventure, un mariage d'essai qui n'a donc pas comme but fondamental de durer ou de se développer en un groupe familial stable.

Une conjugalité authentique peut cependant s'ensuivre.

— Le mariage « échappatoire », employé comme moyen d'échapper à un conflit, de se rebeller contre la famille d'origine ou pour se rééquilibrer suite à un désappointement amoureux.

[1] ACKERMAN N. W. : The family approach to marital disorders, in GREENE B. L. : The psychotherapies of marital disharmony. Copyright (c), 1965, by The Free Press, A Division of the Macmillan Company, p. 162.

Ici aussi, il peut y avoir amour surajouté ou aboutissement à une union conjugale vraiment réussie.

— Le mariage arrangé, conclu dans une perspective de sécurité ou de convenance ou aussi de réunion de deux grandes familles.

Une conjugalité ainsi bâtie n'exclut pas non plus qu'un véritable amour y soit présent.

— Nous ajoutons nous-même un cinquième type de vice génétique : le mariage envisagé pour obtenir la satisfaction de certains besoins psychologiques (et non du plus grand nombre); par exemple, le besoin de compagnie, d'estime de soi ou sexuel. Ce peut être le cas chez un couple dont le partenaire mâle peu puissant a épousé une femme frigide parce qu'elle l'admire sur le plan professionnel. Le risque de désagrégation conjugale est évidemment plus important en ce cas que dans une conjugalité authentique, puisque le conjoint n'est que partiellement investi.

Certains mariages contractés sur les modes ci-dessus décrits aboutissent à la crise et à la rupture.


B. CLASSIFICATIONS PSYCHOLOGIQUES.

Elles sont en général basées sur le fait que la majorité des relations conjugales satisfont les principaux besoins psychologiques des deux partenaires, chacun servant de « matériel » de satisfaction aux besoins de l'autre. Les classifications psychologiques se basent, en général, sur la nature symbiotique du phénomène conjugal. Cette symbiose peut unir des êtres relativement normaux (par exemple, un homme plutôt agressif et autoritaire et une femme particulièrement servile). Elle peut aussi être pathologique sur le plan mental; à titre d'exemple, on peut mentionner la conjugalité d'un homme paranoïaque avec une femme extrêmement masochiste. Lorsqu'il n'y a pas réciprocité mais bénéfice unilatéral, la relation conjugale n'est plus symbiotique mais parasitaire.

1. Classification d'ACKERMAN N. W.[1], selon un point de vue fonctionnel :

— Le mariage immature ou protecteur, motivé principalement par le besoin qu'ont deux partenaires de fonctionner sur le mode « parent-enfant ».

Ce genre de mariage augmente en fréquence en raison de l'abaissement de l'âge d'accession au mariage.

L'immaturité en question peut être assez sérieuse, prendre une allure infantile quand le partenaire « enfant » attend de l'autre une quantité quasi illimitée de services, de considération, etc... comme un jeune enfant peut en attendre de ses parents et en particulier de sa mère.

L'immaturité peut être moins grave, de type puéril ; dans ce cas, on constate souvent la coexistence de prises de responsabilités vagues avec le rejet de certaines autres au moyen de bonnes excuses.

La fixation immature peut se situer au stade de l'adolescence ; si elle est précoce, on pourra observer de l'exhibitionnisme psychologique, une certaine recherche de prestige, la personne immature vivant alors sur le mode de l' « être vu » ; en cas de fixation tardive, on observera un certain idéalisme, romantisme et mysticisme, une augmentation des prises de responsabilités sur le plan social, une tendance à l'excès doctrinaire, l'accent étant placé sur l'indépendance et le non-conformisme.

Il est à noter que l'évolution vers la maturité ne se produit pas nécessairement même si le « conjoint-enfant » subit d'importantes souffrances. Ce dernier peut s'accrocher au partenaire pourvoyeur de sécurité comme certains subordonnés immatures le font à leurs supérieurs dans des structures sociales hautement hiérarchisées.

Dans ce premier type de couple, la référence œdipienne est particulièrement nette.

[1] Ibidem, pp. 162 et 163.

— La conjugalité compétitive.

Chaque partenaire envie et jalouse l'autre, parfois l'admire, mais avec une tonalité compétitive.

Chacun s'efforce de soutirer de l'autre ce qu'il peut : il s'agit d'une conduite basée sur le profit et la perte. Chacun estime qu'il n'a pas obtenu de gains dans la mesure où l'autre n'a pas subi de pertes. Bien entendu, on ne peut pas considérer comme sain dans une relation conjugale que ce qui est défavorable à l'un soit source de satisfactions pour l'autre.

En psychothérapie (ou relation d'aide psychologique) conjugale, c'est surtout chez les couples compétitifs qu'on verra chaque partenaire s'efforcer de montrer que l'autre est en tort et refouler par le fait même les sentiments de culpabilité personnelle qui affleurent à sa conscience; il s'agit quasi toujours d'un mécanisme de projection : les problèmes personnels sont niés, refoulés et estimés exister chez l'autre sans que cela soit nécessairement le cas. Ce mécanisme aggrave plus ou moins lourdement la mise en question personnelle du partenaire le plus faible; si ce dernier est écrasé par ce processus, la rupture de la psychothérapie ou de la relation de conseil peut s'ensuivre. La lutte pour la domination se perçoit surtout dans l'entretien conjoint; une rivalité excessive est, en règle générale, une contre-indication des approches triadiques et en particulier de l'entretien conjoint. Chez un partenaire, la forme la plus intellectuelle et élaborée de cette compétition conjugale consiste à se dire normal et à déclarer l'autre névrotique ou pathologique sur le plan mental, le reléguant de ce fait au rang de seul demandeur.

— Les mariages « esclave-maître » dans lesquels un partenaire cherche le contrôle omnipotent de l'autre. Aucun conjoint n'est un être complet. Le maître a besoin de l'esclave; l'esclave a besoin du maître. L'un est plus puissant tandis que l'autre est avili. Les buts naturels d'amour, de partage et d'identification sont infléchis en un objectif de pouvoir dominer, dégrader et, en dernière analyse, détruire le partenaire. Par essence, il s'agit d'un lien symbiotique dans lequel un partenaire s' « épanouit » aux dépens de l'autre. Un équilibre pathologique de cette espèce ne peut être maintenu qu'au moyen de la coercition et de l'intimidation.

— Le mariage de complémentarité névrotique dans lequel les besoins névrotiques particuliers d'un partenaire sont complémentaires de ceux de l'autre. Un partenaire sert de médicateur à l'égard des conflits et de l'anxiété de l'autre. Le partenaire le plus fort dans cet aménagement sert de pourvoyeur d'immunité contre la décompensation émotionnelle chez le partenaire le plus vulnérable.

Il peut aussi y avoir identité névrotique, la complémentarité psychologique provenant dans ce cas du fait que certains mécanismes de défense névrotiques chez l'un servent à masquer la névrose de celui qui paraît sain. Par exemple, un époux claustrophobique peut ne pas afficher sa phobie et même ne pas en prendre conscience en utilisant les mécanismes d'évitement de sa partenaire ouvertement névrotique : par exemple, comme elle, et par attention pour elle, il ne prendra pas l'ascenseur, l'avion, etc... ; si l'épouse vient à décéder, la névrose cachée de l'époux apparaîtra inexorablement au grand jour.

— Les mariages de complémentarité dans le « passage à l'acte », dans lesquels les deux partenaires partagent une complicité inconsciente dans des patterns d'acting out d'impulsions conflictuelles.

— La relation conjugale marquée au sceau d'un détachement émotionnel bilatéral dans laquelle un équilibre supportable est établi entre les deux partenaires sur la base d'un certain degré de distance et d'isolement émotionnels.

A la base de ce type de relation conjugale existent fondamentalement des problèmes de communication qui proviennent d'une incapacité, d'une impossibilité ou d'un manque de volonté des partenaires de se parler l'un à l'autre ;

ces difficultés peuvent relever, soit d'inhibitions importantes et archaïques, soit d'une volonté plus ou moins nette de ne pas créer une atmosphère, un climat réceptifs aux idées et aux sentiments de l'autre ou parfois d'éléments purement circonstanciels, notamment d'une discordance trop importante entre les deux partenaires quant à leur travail et leur vie, leur actualisation se réalisant dans des mondes trop différents.

— Le mariage régressif dominé par une orientation négative à l'égard de la vie. Il y a des craintes partagées et des préjugés à l'égard de la vie et du développement, attente partagée d'une catastrophe imminente. Le thème du sacrifice total est implicite dans le contenu émotionnel d'une pareille conjugalité. Un partenaire doit abandonner son droit de vivre dans le but d'assurer la continuité de la vie de l'autre. Sur le plan émotionnel, les personnes concernées régressent plutôt que progressent dans la vie. C'est ce type de conjugalité qui est le plus susceptible de produire une descendance psychotique.

Le mariage de deux déprimés relève de ce mode de conjugalité; on peut remarquer qu'assez souvent l'évolution des deux partenaires se fait « à bascule » : l'un des deux se déprime pendant les périodes saines de l'autre et réciproquement. L'évolution classique et cyclique de la dépression nerveuse est décalée dans le temps chez chaque partenaire par rapport à l'autre. C'est assez souvent dans ce type de conjugalité que l'on verra le décès de l'un être rapidement suivi de la mort de l'autre.

— Le mariage sain; dans ce modèle théorique ou type « pur », les partenaires s'adaptent bien aux rôles conjugaux. Ils sont capables de partager des buts réalistes et des valeurs compatibles. Quand le conflit surgit, il peut y avoir un bouleversement transitoire bien que, généralement, les partenaires soient capables de coopérer dans la recherche d'une solution ou d'un compromis approprié. Un trouble temporaire n'entraîne pas d'accusation excessive ou persistante, de sentiments de culpabilité ni de recherche d'échappatoires.

Chaque partenaire a un respect authentique et une acceptation de l'autre en tant que personne, une tolérance à l'égard des différences, et, plus encore que cela, une volonté de les employer pour la croissance créative de la relation.

## 2. Nous-même *et* STEICHEN R.

Classons sommairement les couples « conflictuels » selon les trois groupes suivants de catégories :

— Le premier groupe se caractérise par la nature de l'équilibre relationnel entre les deux partenaires :

A. Couples du type « castrateur-castré » :
- a) « sado-masochiste »
- b) « dominateur-dominé »

B. Couples du type « protecteur-protégé » :
- a) « parent-enfant »
- b) « salvateur-sauvé ».

Dans ces deux catégories, l'équilibre qui s'est établi entre les deux personnalités articulées l'une sur l'autre se rompt au moment où il y a bouleversement des rôles (par exemple : faillite du dominateur ou rébellion du conjoint « enfant »).

— Le second groupe est fonction de l'absence d'équilibre relationnel entre les deux partenaires; ces couples sont plus « conflictuels » que ceux du premier groupe.

A. Couples d'abandonniques (au sens large de ce terme) :
- a) couples de partenaires immatures
- b) couples de conjoints infantiles
- c) couples du type « frère-sœur ».

Ce type de couple, assez théorique, est en tout cas relativement rare.

**B.** Couples formés d'un émancipé et d'un abandonnique (un indépendant et l'autre s'accrochant et ayant besoin de protection).

3. Couples d'émancipés (partenaires compétitifs).

Alors que l'abandonnique a besoin de référence et ne peut vivre que dans la mesure où il dépend de quelqu'un, l'émancipé se passe de référence et ne se sent à l'aise que dans la mesure où il refuse à l'autre de dépendre de lui.

— Le dernier groupe englobe l'ensemble des situations à trois où on peut concevoir la perturbation de l'équilibre relationnel à la suite de liens affectifs que l'un au moins des partenaires établit avec un tiers qui peut être la famille, les enfants, la profession ou une autre activité, une maîtresse ou un amant réels ou imaginaires. Le conflit apparaît quand un des conjoints sent une concurrence affective à cause du tiers. Le conflit est fortement chargé d'une jalousie dont l'origine remonte à la situation intrusive; un des conjoints est englobé dans un investissement affectif extérieur, ce qui est perçu par l'autre comme menaçant; le cas extrême de ces situations est le triolisme; l'infidélité en constitue la forme habituelle.

C. D'UN POINT DE VUE SOCIOLOGIQUE, ACKERMAN N. W. [1] classe certains dysfonctionnements conjugaux en fonction des types de déséquilibres dans l'harmonie des rôles pris « in globo » que les partenaires doivent assumer dans le mariage; il distingue ainsi :

— Une relation conjugale dans laquelle chaque partenaire préserve, de façon égocentrique, son individualité d'avant le mariage, celle-ci n'étant quasiment pas touchée par ce que requièrent les liens conjugaux.

[1] Ibidem, pp. 161 et 162.

— Une relation conjugale dans laquelle l'individualité de chaque partenaire est subordonnée à ce que réclament ses rôles conjugaux.

— Une relation conjugale dans laquelle l'individualité de chaque partenaire est subordonnée à ce que réclament ses rôles parentaux.

— Une relation conjugale dans laquelle l'individualité de chaque partenaire est subordonnée conformément aux demandes de la communauté environnante.

D. CLASSIFICATION PSYCHOSOCIOLOGIQUE des rôles conjugaux situés dans différentes dimensions de la complémentarité des besoins, et ce pour les différentes phases du cycle familial. (POLLAK O.) (cf. annexe I)

Cette classification est très élaborée. Les rôles mentionnés, quand ils ne sont pas remplis, constituent souvent, en consultation conjugale, l'objet de la plainte primitive des clients.

L'assistance est généralement demandée quand le couple passe d'une phase du cycle familial à une autre, c'est-à-dire aux moments de transition où les partenaires doivent abandonner d'anciens rôles pour en adopter de nouveaux. La restructuration peut s'avérer difficile chez certains conjoints. Au-delà des dysfonctionnements éventuels dans les rôles à accomplir pendant les différentes phases de la vie conjugale, se situent presque toujours d'autres éléments d'altération plus profonde; par exemple, l'incapacité, chez un partenaire, de se détacher de ses parents au début du mariage peut être le signe d'un attachement incestueux à l'un d'entre eux, c'est-à-dire d'un conflit œdipien non résolu.

# CHAPITRE II

# CONTEXTE
# DE LA CONSULTATION CONJUGALE

## Historique de l'aide en matière conjugale et familiale

Mentionnons au préalable et pour mémoire les divers conseils recueillis dans de nombreux documents écrits depuis bien avant l'ère chrétienne jusqu'à notre époque. Leur caractère directif visant les compromis et les accommodements saute aux yeux; les aspects relationnels de la conjugalité n'y sont guère envisagés. Aussi bien dans la tragédie grecque, chez les Pères de l'Église que dans la Bible, on peut relever certaines implications pédagogiques et morales au sujet des relations conjugales; il en est de même dans différents traités datant du Moyen Age, dans les fabliaux, les chansons populaires ainsi que chez le philosophe KIRKEGAARD S. et saint PAUL; dans les lettres de DIDEROT à sa fille et de saint François de SALES aux femmes mariées, on trouve des tentatives de conciliation entre le plaisir susceptible d'être obtenu dans la conjugalité d'une part et le devoir des partenaires d'autre part.

Avant que n'apparaissent les centres organisés de consultations conjugales, les parents et les amis des conjoints en difficulté tentaient d'offrir une certaine forme d'aide, essentiellement par des conseils, remontrances, semonces, suggestions, directives, etc... Bien que ces attitudes se soient révélées inefficaces, elles sont encore adoptées avant le recours à des personnes spécialisées. Quand l'entourage ne parvenait pas à apaiser le conflit, à stabiliser les couples en dysharmonie, il était fait appel à l'un ou l'autre membre exerçant une profession ou une fonction très investies dans la société, par exemple : le prêtre, le juriste, le médecin, etc... et plus tard, les assistants ou les travailleurs sociaux, les responsables des mouvements de jeunesse, les personnes qui s'occupaient de préparation au mariage, de consultations de planning familial et de différents mouvements féminins.

Depuis longtemps donc, des sujets estimés aptes ont tenté d'aplanir les difficultés conjugales et familiales. En réalité, la capacité de ces personnes dans ce domaine s'est souvent révélée médiocre et cela pour deux causes essentiellement : en premier lieu, les fonctions ou professions mentionnées sont exercées par des sujets ayant une personnalité en général autoritaire et directive qui ne convient nullement pour aborder des situations conflictuelles conjugales et familiales; en second lieu, les personnes qui les exercent n'ont reçu que des rudiments de formation psychologique, d'ailleurs toute théorique, sans le moindre enseignement pratique sur les attitudes à adopter face aux problèmes conjugaux et familiaux qui leur sont présentés. Avec le temps et par la force des choses, elles ont été obligées de réfléchir sur leur activité, notamment sur la forme de réponses qu'elles donnaient aux demandes qui leur étaient posées. Certaines d'entre elles finirent par se rendre compte que pour être efficace dans ce genre de relation d'aide, il était indispensable de se repenser soi-même et de se soumettre à un training véritable, comportant une importante acquisition d'informations et une formation personnelle.

D'autres, toutefois, n'ont pu s'engager dans une remise en question personnelle et ont offert alors leur professionnalisme de base, donnant à la relation d'aide une tonalité militante et idéaliste, modelant cette dernière de buts précis et aprioristes.

Depuis quelques décennies, après une insistance sur l'information en matière conjugale et sexuelle, se sont développées des méthodes d'approche plus efficaces tenant compte de la motivation des êtres et visant à obtenir des assistés une meilleure perception de leur personnalité. L'accent s'est ainsi déplacé sur les problèmes psychologiques et les conseillers conjugaux, recrutés assez souvent encore parmi les personnes dont les activités ont été mentionnées ci-dessus, bénéficient d'une formation psychologique et psychothérapeutique plus ou moins approfondie, sous la direction et la supervision continues, soit de psychologues cliniciens, soit de psychiatres, soit de psychothérapeutes. Ces personnes se sont généralement groupées dans des centres de consultations conjugales.

Les premiers services ou institutions de conseil conjugal se sont établis aux U.S.A. en 1929. L'interdisciplinarité « sociologie-psychologie (au sens large) » présida à leurs premiers tâtonnements. Assez rapidement, la relation d'aide psychologique ou la psychothérapie centrées sur le client, appelées à ce moment « non directives », furent généralement adoptées mais, souvent, avec un manque de rigueur méthodologique. Se développent également, dans divers pays, des centres de consultations prénuptiales, d'eugénisme, d'information sexuelle, juridique, éthique, etc... dont l'activité n'aura que peu de rapports avec le conseil proprement dit; la première guerre mondiale fut à l'origine d'un grand nombre de divorces et c'est ainsi qu'en Allemagne s'ouvrirent certains centres à caractère juridique.

La seconde guerre mondiale amena d'importants boulversements conjugaux et familiaux et provoqua en conséquence un accroissement sérieux des demandes d'aide dans le domaine conjugal. Aux États-Unis, le mouvement commencé avant cette seconde guerre s'amplifia considérablement. En Angleterre, les centres de consultations conjugales s'ouvrirent en 1943; le training des conseillers, au départ assez sommaire, alla de pair avec un certain amateurisme et une attitude militante; en 1948, l'organisme dénommé « Family Welfare Association » mit sur pied un service, le « Family Discussion Bureau », qui avait notamment pour buts de forger les instruments indispensables pour l'aide aux couples en difficulté et d'étudier les facteurs qui altéraient les relations conjugales. La guidance matrimoniale s'est développée dans ce pays sous la forme d'une organisation nationale, le « Marriage Guidance Council ». Les pays latins ou francophones d'Europe ont accusé un certain retard dans l'organisation de l'aide au couple et à la famille; ce retard sera compensé par un moindre amateurisme des conseillers; c'est en 1961 que se créa en France « L'Association Française des Centres de Consultations conjugales » avec laquelle collaborent certains centres belges.

D'une façon générale, un training très contrôlé des conseillers s'est imposé, d'autant plus que la vulgarisation des sciences psychologiques et en particulier de la psychanalyse a doté pas mal de personnes d'un vernis craquelé, composé de données mal comprises et simplifiées risquant d'être appliquées à l'aveuglette. A l'heure actuelle, plusieurs dizaines de pays possèdent des institutions du même type; beaucoup de centres sont affiliés à un organisme international appelé l' « Union Internationale des Organismes Familiaux ».

**Résistances, réticences ou ignorances observées face aux relations d'aide psychologiques en matière conjugale et familiale**

Elles existent soit chez ceux qui pourraient ou devraient apporter leur aide, soit dans le public en général.

1. Les résistances, réticences ou ignorances relevées chez ceux qui pourraient et devraient, moyennant un training adapté, apporter leur aide dans le domaine familial et conjugal sont, grosso modo, de trois types :

— Le premier consiste à continuer d'adopter les anciennes attitudes de conseils, de suggestions, etc…, face à une discorde conjugale ou familiale, évidente ou latente, sachant que ces attitudes sont quasi toujours inefficaces. Ce défaut est particulier à la plupart des personnes exerçant une des professions ou fonctions que nous avons mentionnées dans le paragraphe précédent. Leur comportement verbal comprend alors, en général, des propos plus ou moins impératifs présentés dans une structure verticale de dialogue.

— Le second est le propre de ceux qui refusent de voir un conflit conjugal latent ou patent au-delà de symptômes généralement multiples d'allure fonctionnelle ou organique et qui les traitent pour eux-mêmes. Ce comportement est particulier aux médecins organicistes.

— Le dernier type se rencontre chez les personnes qui acceptent les statistiques peu encourageantes concernant les divorces, grossesses illégales, etc… en tant qu'appréciations d'ordre sociologique ne les concernant pas, sans donc envisager que, de par leur formation professionnelle, moyennant un training supplémentaire adéquat, elles pourraient intervenir dans la prévention ou le traitement de ces phénomènes.

Bien entendu, des excuses sont invoquées :

Certains médecins disent, par exemple, que les problèmes conjugaux ou familiaux ne sont pas d'ordre médical; or, tout qui connaît un tant soi peu la médecine psychosomatique sait que ces difficultés sont de toute évidence pathogènes dans certaines affections ou certains types de symptomatologie.

D'autres évoquent le manque de temps. L'excuse peut paraître réelle dans beaucoup de cas. Mais ceux qui en prétextent pourraient au moins se renseigner sur l'existence et le fonctionnement des organismes qui, dans leur entourage, sont aptes à fournir l'aide demandée, afin de leur confier certains de leurs clients. (A ce propos, il est intéressant de savoir qu'un client qui n'a pas avoué à son médecin être aux prises avec un problème conjugal ou qui s'est refusé à établir un rapport entre celui-ci et ses plaintes, s'orientera peut-être, si le praticien lui donne l'adresse d'un centre de consultations conjugales, vers un conseiller ou un psychothérapeute appartenant à cet organisme; certaines personnes n'acceptent en effet de parler de problèmes personnels ou intimes qu'avec quelqu'un qui leur est totalement étranger; il est donc vraiment bien opportun de tenter de « conjugaliser » le langage des symptômes quand cela se justifie, bien entendu.) En outre, notamment en ce qui concerne les médecins organicistes, s'ils consacraient une heure d'entretien psychologique plus ou moins correct à leurs clients en difficulté sur le plan conjugal, ils gagneraient en temps celui des entrevues nombreuses et brèves accordées pour soit encourager, soit conseiller, soit prescrire des tranquillisants, etc... L'excuse du manque de temps se révèle donc souvent sans portée objective.

En fait, la cause première que les « responsables » devraient invoquer, c'est leur manque de connaissances spécialisées et de formation qui implique entre autres l'acquisition d'une profonde connaissance de soi et d'une aisance dans sa propre sexualité, deux dimensions nécessaires pour l'abord correct des problèmes du couple. Cette lacune consciemment ressentie ou vaguement pressentie est une source d'anxiété ou de malaise pour ces personnes quand des problèmes conjugaux leur sont présentés.

A leur décharge, notamment s'il s'agit de médecins, il convient de mentionner que les directives d'ordre psychologique qui leur sont fournies sont suffisamment vagues pour être totalement inapplicables sans un training adéquat. En effet, elles sont, par exemple, de ce style : « Traitez votre malade comme un tout », « Contrôlez bien votre contre-transfert » ou encore « Comprenez à temps la signification des réactions transférentielles de vos clients ».

2. Les résistances, réticences ou ignorances rencontrées dans le public en général sont multiples.

Les bons mots et les dessins humoristiques qui ont trait aux conseillers conjugaux sont approximativement de nombre égal à ceux qui visent les psychiatres, les psychanalystes, les psychologues et les psychothérapeutes; les deux modalités professionnelles sont entourées d'un certain halo de mystère qui constitue à la fois leur force et leur faiblesse. Cet humour largement répandu s'en prend à la « prétention » de ceux qui se croient « autorisés » à explorer la vie personnelle d'autrui et à l'aider sur le plan psychologique. Cet humour ne fait que refléter une résistance diffuse dans nos pays à l'égard des professions à caractère psychologique.

En s'en tenant au problème de l'aide au couple et à la famille, plusieurs formes de résistances, réticences ou ignorances sont discernables et témoignent du fait que l'aide en question ou n'est pas bien comprise, ou est considérée comme peu valable.

Certains prétendent qu'on ne peut aider un couple en

voyant un seul de ses partenaires et estiment parfois que c'est au détriment de son conjoint que le partenaire demandeur obtient un certain bénéfice. Leur évaluation se base généralement sur la croyance que le psychothérapeute (ou le conseiller) doit entendre les deux parties pour mieux juger. En fait, en psychothérapie ou relation d'aide psychologique conjugales centrées sur le client, les psychothérapeutes ou les conseillers ne sont ni les juges ni les « chroniqueurs » plus ou moins objectifs des conflits. Quand un seul conjoint est pris en charge en consultation conjugale (cela se passe encore dans beaucoup de centres à l'heure actuelle) il est espéré une amélioration individuelle de ce partenaire, l'établissement, par l'aide octroyée au demandeur, d'une communication meilleure entre les conjoints et la perception par le client de sa propre subjectivité ainsi que de l'image qu'il présente à son partenaire ; en réalité, ne prendre en charge qu'un seul conjoint peut être dangereux, car il est possible que se produise une rupture dans l'équilibre du couple. Ce n'est donc pas dans l'erreur éventuelle de jugement au sujet d'un couple que réside le danger d'octroyer une aide unilatérale mais dans le dernier risque mentionné ; c'est d'ailleurs pour éviter ou minimiser celui-ci que, de plus en plus, les centres tentent d'obtenir la collaboration des deux partenaires.

Un bon nombre de personnes croient que la relation d'aide psychologique ou la psychothérapie conjugales sont assimilables à la psychiatrie. Cette estimation est évidemment dépourvue de nuances ; mais l'affirmation inverse, à savoir que les conseillers conjugaux ou les psychothérapeutes du couple ne reçoivent que des personnes normales, l'est aussi et représente, dans le chef de certains conseillers, une attitude défensive ; dans le département que nous dirigeons à la Faculté de médecine de l'Université de Louvain, bien que les psychothérapeutes aient tous une formation de psychiatre, les personnes présentant un dysfonctionnement psychologique grave (dépression réactionnelle importante, névrose obsessionnelle massive, etc...) sont transférées à un collègue ; on est toutefois obligé de constater, après quelque temps de prise en charge, que, parmi les personnes retenues, trois sur quatre environ utilisent des mécanismes névrotiques de défense ou présentent des structures caractérielles marquées ; il en est vraisemblablement de même dans les centres plus traditionnels de consultation conjugale ; si certains conseillers conjugaux prétendent n'avoir affaire qu'essentiellement à des personnes normales en situation « conflictuelle », cela tient essentiellement à deux raisons :

— en premier lieu, ils n'ont pas toujours de formation psychopathologique suffisante pour déceler des troubles mentaux déguisés ou subtils ; rappelons ici qu'une partie des troubles psychologiques des partenaires d'un couple se projette dans la relation elle-même (dont la cohésion se fonde entre autres sur eux) ce qui camoufle plus ou moins parfaitement leur expression plus ouverte ;

— en second lieu, il faut un temps relativement long de prise en charge pour que ces éléments projetés reprennent leur statut de symptômes intrapsychiques consciemment perçus comme perturbateurs ; étant donné la durée assez courte de la relation d'aide psychologique chez ces conseillers conjugaux, cette émergence de symptômes ne peut se produire. Par ailleurs, il est impossible d'établir une distinction nette, d'une part entre le normal et le pathologique en psychologie et d'autre part entre la pathologie intrapsychique et la pathologie interpersonnelle.

Une aile importante du public est convaincue de ce que les conseillers conjugaux et les psychothérapeutes du couple s'assignent pour but de sauvegarder à tout prix, quelles que soient les circonstances, le mariage ou la conjugalité de leurs clients. Les conseillers et psychothérapeutes sont alors considérés comme ayant mission de préserver la structure du couple, même si la coexistence des partenaires présente plus d'inconvénients que d'avantages. La perception d'attitudes salvatrices chez certains conseillers conjugaux peut être à la base de cette conviction. La méfiance à ce propos est particulièrement nette quand les conseillers travaillent dans des institutions patronnées par le clergé. Comme nous le verrons à la fin de cet ouvrage, lors de la sélection des conseillers, doivent être éliminées les personnes qui désirent s'engager dans l'activité de conseil en voulant littéralement y faire croisade. Mais, en règle générale, cette conviction très répandue est le reflet d'une méconnaissance, soit du fait que la plupart des conseillers ou psychothérapeutes du couple adoptent une attitude dite « centrée sur leur client », soit de la façon dont agit la non-directivité psychologique. Précisons tout de même que pour exercer de manière bénéfique une activité au service d'autrui ou de la société, un désir d'aider les autres s'avère nécessaire. Le danger réel, à ce propos, trouve sa source dans l'hypertrophie de cette volonté, susceptible d'aveugler les personnes qui en sont animées, le besoin d'assister étant alors assimilable à une véritable toxicomanie psychologique. En fait, il s'agit, en ce qui concerne le désir d'aider autrui, d'une question de dosage : l'absence de désir comme son excès ne sont nullement souhaitables. L'attitude d'assistance a valeur thérapeutique, quand elle représente une acceptation réaliste et constructive tant des souffrances et des conflits que des joies et des succès d'autrui.

Sont à mettre dans le contexte de cette forme de résistance les mises en accusation, par une minorité militante, des conseillers, psychothérapeutes ou institutions qui accolent à leur dénomination fonctionnelle le vocable « conjugal » : elle voit en effet en eux les éventuels agents d'un certain pouvoir socio-politique réprouvé par elle dans sa structure et ses fonctions et défenseur de l'institution matrimoniale qu'elle considère comme ayant des dimensions répressives et possessives à abolir. Une littérature assez abondante sur cette délicate question est actuellement disponible. La « centration » absolue du conseiller ou du psychothérapeute du couple sur leur client et la demande de ce dernier exclut que ceux-ci soient accaparés par un pouvoir quelconque. A ce propos toutefois, deux remarques semblent devoir être formulées :

— la première, c'est que la relation conjugale n'est pas réductible à ses seuls aspects socio-politiques ;

— la seconde concerne les dimensions possessives de la conjugalité : celles-ci, dans la mesure où elles ne sont pas disproportionnées, ont, en soi, une valeur érotique, enrichissante pour la relation conjugale elle-même. L'abolition, consciemment voulue, de cette dimension entraîne parfois, dans le contexte actuel, des troubles psychosexuels chez l'un ou les deux partenaires lorsqu'ils ne compensent pas cette abolition en fantasmant la « possessivité » dans le registre imaginaire.

Certains sujets plus évolués déclarent que les conseillers et les psychothérapeutes trouvent souvent dans leur travail des satisfactions psychologiques qu'ils ne parviennent pas à obtenir dans leur vie personnelle : par exemple, une possibilité d'augmenter leur estime de soi. De fait, si un conseiller ou un psychothérapeute ont choisi ce genre de travail pour combler des vides psychologiques, il serait normal de se méfier de leur « fonctionnement ». A ce niveau aussi la sélection doit jouer un rôle important mais il convient à nouveau d'être nuancé ; pour accomplir sa tâche de façon adéquate, le conseiller ou le psychothérapeute doivent éprouver certaines satisfactions personnelles inhérentes à l'exercice de leur fonction et que leur training personnel doit leur apprendre à découvrir.

Une série de personnes estiment qu'il faut être doté d'une curiosité bien malsaine pour parler avec autrui de questions aussi personnelles et intimes que celles concernant la conjugalité en général et sa sexualité en particulier ; il suffit de savoir qu'une relation d'aide psychologique ou une psychothérapie s'avèrent inefficaces quand le conseiller ou le psychothérapeute tentent d'obtenir des informations que le client répugne à livrer. Dans de telles conditions, aucun progrès n'est possible. Plus un conseiller (ou un psychothérapeute) exerce de pression sur son client, plus lentement apparaîtront les progrès chez ce dernier. Une véritable sanction est imposée au conseiller ou au psychothérapeute dans leur travail quand ils sont ressentis comme des êtres intrusifs. De plus, la simple discussion en matière conjugale et sexuelle, même en dehors d'un contexte de relation d'aide psychologique, est avant tout une question de tact, d'empathie et de respect. Une personne ne doit jamais se sentir objectivée, par une singularité qu'elle présente au niveau psychologique.

Certains affirment qu'une relation d'aide psychologique ou une psychothérapie n'ont pas de dimensions scientifiques. Pour démontrer le non-fondé de ces assertions, il suffit de s'en référer aux nombreux travaux menés avec beaucoup de rigueur par l'école rogérienne sur la relation d'aide psychologique (ou psychothérapie) centrée sur le client. Mentionnons ici que certains conseillers conjugaux traditionnels refusent de recourir au testing psychologique scientifique afin que leur activité ne soit pas perçue par leurs clients comme assimilable à celle des psychologues, psychiatres et psychothérapeutes ; cette abstention entretient bien entendu le mythe de la normalité psychologique des personnes fréquentant les consultations conjugales.

Une des plus sérieuses résistances provient de l'amateurisme plus ou moins important qui caractérise l'activité de certains conseillers conjugaux dont l'information et la formation personnelle ne sont pas suffisantes. L'amateurisme dans le domaine de la relation d'aide psychologique est, en réalité, très dangereux. C'est la raison pour laquelle tous les efforts doivent être mis en œuvre pour doter les conseillers conjugaux d'un training adéquat. Le caractère bénévole, qui a longtemps marqué l'activité des conseillers conjugaux et qui continue souvent encore à le faire, n'implique pas en soi l'amateurisme dans la fonction; les personnes qui exercent une profession déterminée et rémunérée d'aide à autrui n'ont pas a priori d'avantages particuliers pour aborder les dysfonctionnements conjugaux; au contraire, beaucoup de membres de ces professions (médecine, droit, etc...) sont, rappelons-le, au départ trop autoritaires, trop directifs, trop en surplomb par rapport à autrui (ce qui est en étroit rapport avec la fonction d'expert inhérente à leur profession de base). La remise en question personnelle nécessaire pour fonctionner adéquatement en consultation conjugale est pour ces personnes particulièrement difficile. Quelques conseillers ont l'impression que quelque chose de précieux serait perdu s'ils étaient rémunérés, mais ils ne précisent pas sur quoi est basée leur impression.

C'est en fait sur l'insuffisance du training de certains conseillers que se fonde donc la résistance ici envisagée. Pour exercer de façon adéquate une activité de conseil ou de psychothérapie, deux conditions sont indispensables : l'acquisition d'une information importante dans le domaine des sciences humaines et une formation personnelle dont les buts sont une amélioration dans la connaissance de soi et une mise en pratique correcte, aisée et naturelle de la méthodologie adoptée; ces deux parties du training sont indispensables et se complètent. Comparer le nombre d'heures passées par un sujet à l'apprentissage théorique de sciences humaines à celui qu'un conseiller conjugal consacre à sa formation personnelle n'a pas de sens : une personne qui a acquis une connaissance détaillée de la théorie peut être incapable de l'appliquer de manière utile au bénéfice d'un sujet en difficulté psychologique; autrement dit, une bonne information n'entraîne pas automatiquement une bonne formation. D'un autre côté, affirmer que seule compte, pour l'exercice de la fonction, l'acquisition d'une habileté réelle reviendrait à scotomiser la partie « information » du training; il est exact que le training des conseillers conjugaux, dans son aspect formation personnelle, est d'une nature particulière, mais l'est aussi celui du psychologue clinicien et du psychiatre qui seraient orientés vers la psychothérapie. Cette identité est à l'origine, chez les conseillers conjugaux, d'un malaise ayant sa base dans une rivalité plus ou moins consciente à l'égard des psychothérapeutes dont le training dans ses deux composantes est supérieur au leur. C'est en fonction de cette rivalité que de façon défensive, certains conseillers conjugaux prétendent qu'une formation universitaire académique constitue un handicap pour l'exercice de cette activité; cette affirmation n'est que partiellement exacte : un client rencontrant pour la première fois une personne dont il connaît préalablement le statut universitaire peut, de fait, se placer a priori en état de dépendance à son égard, obstacle certain quoique aisément surmontable dans une relation d'aide psychologique ou psychothérapeutique « centrées » mais la somme des connaissances acquises à l'Université peut aussi être mise au service de la fonction d'empathie, c'est-à-dire être employée à mieux saisir, « par le dedans », cognitivement et affectivement, la psychologie d'autrui. Les psychothérapeutes ont négligé longtemps de s'occuper des problèmes conjugaux; cette négligence a été à la base de l'élaboration des systèmes d'aide du type conseil. Cette aide a été réellement bénéfique; mais à l'heure actuelle les psychothérapeutes sortent de leur inertie face aux problèmes conjugaux et les abordent avec toutes les qualités conférées par leur training; ceci aggrave le malaise des conseillers conjugaux traditionnels qui craignent de voir leur activité réduite ou leur fonction mise en question.

Beaucoup de personnes craignent que l'analyse par un sujet de ses sentiments et de ses problèmes ne le rende morbidement introspectif et estiment en conséquence que cette investigation ne les aide nullement. Il faut avant tout faire remarquer que le problème de l'immersion émotionnelle représente un plus grand risque pour le conseiller ou le psychothérapeute que pour le client. En fait, des entretiens psychologiques longs et fréquents ne rendent généralement pas psychologiquement morbides ceux qui s'y engagent mais leur permettent de partager avec un tiers qui n'émettra pas de critique, l'essentiel de leurs affects, ce qui amène pratiquement toujours un soulagement et constitue souvent le point de départ d'ajustements nouveaux et meilleurs de ces personnes aux problèmes de la vie (font exception à cette loi la plupart des déprimés). Les conseillers et psychothérapeutes reçoivent souvent des remerciements sincères pour leur écoute attentive et leurs essais de compréhension de leur client.

Des protestations exaspérées contre les entretiens psychologiques sont émises par des personnes qui croient plus en l' « agir » qu'au « discours »; en outre, elles vitupèrent souvent contre ceux qu'elles taxent de faibles moralement parce qu'ils sont aux prises avec des problèmes psychologiques; selon elles, ceux-ci n'auraient pas dû surgir si les sujets contre lesquels elles s'emportent avaient su se forger des coordonnées raisonnables d'existence.

## Canaux d'admission en consultation conjugale, catégories de personnes sur lesquelles se polarise l'aide psychologique en matière familiale et conjugale et coordonnées d'identification de ces dernières.

### CANAUX D'ADMISSION EN CONSULTATION CONJUGALE

La liste des sources de référence que nous présentons ici n'est pas hiérarchisée ; la hiérarchie varie, en effet, d'un centre de consultation à l'autre en fonction des diverses coordonnées de ces centres. De plus, cette nomenclature n'est pas exhaustive.

— Des médecins qui se rendent compte de la possible influence des situations « conflictuelles » conjugales et familiales vécues par leurs clients sur la symptomatologie fonctionnelle et organique de ces derniers.

Dans le groupe des médecins, on trouvera beaucoup de gynécologues, étant donné qu'ils sont souvent les premiers confidents de personnes ayant des problèmes sexuels et conjugaux, et, paradoxalement, certains psychiatres surchargés dans leurs activités par des clients ayant des problèmes relationnels conjugaux. Dans le département que nous dirigeons, la majorité des clients (environ huit sur dix) nous sont adressés par des médecins.

— Des ministres de différents cultes qui prennent conscience du fait que l'aide qu'ils procurent à autrui ne peut pas dépendre que de leurs seules convictions religieuses, mais doit aussi être le fait d'une approche psychologique appropriée.

— Des magistrats et des juristes qui estiment utile un recours d'ordre psychologique avant de prononcer un jugement aux conséquences souvent irréversibles et qui, de plus, n'ignorent pas que la délinquance juvénile est, en partie, le produit de la discorde conjugale.

— Des assistants et travailleurs sociaux qui sont quotidiennement confrontés avec des personnes devant affronter des conflits familiaux et conjugaux.

— Des parents, amis et connaissances de futurs clients parmi lesquels on trouvera évidemment d'autres clients, actuels ou anciens, essentiellement ceux qui ont été satisfaits des services rendus; les conjoints consultant ou ayant consulté représentent une importante source de référence en consultation conjugale étant donné qu'ils invitent souvent leur partenaire à s'y présenter.

— Des pédagogues qui s'occupent de formation parentale et des enseignants qui leur sont souvent assimilés.

— Des psychologues qui s'estiment dépourvus d'une information adéquate dans le domaine conjugal et sexologique.

— Des canaux impersonnels d'information (brochures, articles, ouvrages, annuaires, etc...) qui renseignent le public sur les activités et services des centres de consultation conjugale.

A propos de ces canaux d'admission, il faut savoir que si les personnes qui les constituent transmettent aux centres de consultations conjugales des clients en exerçant sur eux une certaine pression, ces derniers seront généralement peu motivés pour une relation d'aide psychologique et celle-ci sera alors, dès le départ, très mal engagée. A titre indicatif, signalons que, parmi les résultats d'une étude statistique réalisée en 1971 par notre équipe, nous avons constaté que 16 % des hommes et 20 % des femmes consultent manifestement contre leur gré, et ce, sous la pression de leur conjoint la plupart du temps. La motivation des consultants est d'une importance cruciale. Un nombre total peu élevé d'entretiens par client constitue un indice d'une motivation négative nulle ou faible.

## CATÉGORIES DE PERSONNES SUR LESQUELLES SE POLARISE L'AIDE PSYCHOLOGIQUE EN MATIÈRE FAMILIALE ET CONJUGALE

Le conseil conjugal et la psychothérapie conjugale s'adressent à des couples de personnes mariées ou non, à des parents, parfois à des familles dans leur totalité, ayant tous une intention de durée. Un certain nombre d'unions conjugales dites « libres », ou même envisagées consciemment a priori comme provisoires mais s'inscrivant toutefois dans une certaine durée, sont des relations constituées essentiellement sur les affinités psychologiques existant entre leurs deux pôles et dont les contraintes extérieures de cohésion ont été intentionnellement éliminées; les organismes de consultation conjugale, les conseillers et les psychothérapeutes du couple doivent savoir que l'étiquette « conjugale » qui les définit sous un angle formel est susceptible d'écarter de l'aide qu'ils peuvent en réalité leur apporter certains sujets engagés dans ce genre d'union et ce, sans qu'il y ait bien entendu d'intention négative à l'égard de ces dernières personnes dans le chef de ces organismes, conseillers ou psychothérapeutes.

La psychothérapie préconjugale et le conseil préconjugal sont destinés à des couples de partenaires qui désirent s'engager entre eux de façon durable ou qui se sont déjà engagés dans la durée mais pas de façon officielle.

Le conseil « post-conjugal » ou la psychothérapie « post-conjugale » s'adressent à des personnes séparées, divorcées, veuves, abandonnées, etc... La solitude conjugale peut être la raison initiale de consulter ou apparaître au cours d'une relation d'aide psychologique ou psychothérapie conjugales.

L'aide psychologique aura ici un impact beaucoup plus personnel que dans les formes précédentes de relation de conseil ou de psychothérapie.

Rentrent également dans le cadre de la consultation conjugale les relations d'aide psychologique et les psychothérapies pour des situations marginales par rapport au phénomène du couple, pour les filles-mères par exemple.

Le terme « conjugal » renvoyant au couple en tant qu'entité est important. Dans le passé, le psychothérapeute et le conseiller du couple se centraient sur un seul partenaire, le demandeur initial généralement, en s'appuyant sur l'hypothèse que la solution des conflits personnels de ce dernier aurait des conséquences bénéfiques sur la liquidation soit du conflit conjugal, soit même des problèmes individuels de l'autre. Cette supposition a été avérée dans un certain nombre de cas, mais on fut obligé de constater qu'elle n'était pas une ligne de force sur laquelle axer la relation d'aide psychologique ou la psychothérapie conjugales. En effet, on remarqua maintes fois que l'amélioration d'un partenaire dans un couple en difficulté ne résultait pas uniquement de l'aide psychologique qui lui était offerte mais était aussi à mettre en rapport avec la détérioration de l'autre et qu'en une séquence inverse de la précédente, la décompensation psychologique du partenaire qui n'était pas pris en charge pouvait suivre l'amélioration du conjoint traité ; par exemple, certains partenaires d'alcooliques se dépriment quand leur conjoint guérit ou s'améliore (ils peuvent aussi à cette occasion devenir alcooliques eux-mêmes). Ces phénomènes sont connus depuis longtemps mais on commence seulement à l'heure actuelle à leur accorder une attention réelle et à agir en conséquence. Cette négligence s'explique, en fait, par la tendance générale à simplifier les perceptions psychologiques, à s'occuper par exemple de la psychologie de l'individu sans le situer dans son environnement, face à sa famille, son conjoint, ou bien de celle de l'enfant sans envisager les relations qu'il a avec ses parents; cette simplification est assimilable à celle qui s'opère lors de la perception d'une figure par rapport au fond; cette tendance est plus économique que la représentation plus abstraite des relations entre personnes ou que l'appréhension globale de la figure et du fond. A ce propos, les sociologues ont parlé avant les psychologues de relation interpersonnelle en terme d'interaction, de micro-groupes et ce faisant, ils échappaient à une certaine forme d'aliénation perceptive; ils n'étaient toutefois pas familiarisés avec les concepts psychologiques fondamentaux, par exemple ceux de motivation, d'ambivalence, etc... ni avec les notions psychodynamiques concernant les processus de groupe et les patterns d'interaction qu'ils observaient. L'intégration des approches sociologique et psychologique du couple qui représente, (comme nous l'avons déjà souligné au début de cet ouvrage) l'appréhension la meilleure du fonctionnement de ce dernier réclame un important degré de conceptualisation complexe. Le conseil conjugal et la psychothérapie conjugale doivent se centrer idéalement à la fois sur l'interaction de deux sujets formant une micro-unité sociale, le couple, et sur les personnalités des partenaires eux-mêmes. Même si les membres du couple présentent d'importantes altérations intrapsychiques, on ne négligera pas les relations interpersonnelles des deux partenaires. Il est donc clair qu'en général, les problèmes du couple concernent les deux partenaires à la fois dans leur personnalité et dans leur interaction.

### COORDONNÉES D'IDENTIFICATION DES CONSULTANTS

Les clients des centres de consultation conjugale ont, dans l'ensemble, un âge plus jeune que l'âge moyen de la population en général et leur niveau culturel et d'éducation est meilleur. Ce sont des sujets qui estiment que le « discours » peut être thérapeutique ou constituer une aide psychologique.

La recherche statistique [1] opérée dans notre département en 1971 a montré ceci :

— Consulte une majorité de couples (60 %) dont les conjoints se sont présentés ensemble ou au moins une fois ensemble par la suite, pour 18 % de célibataires et 22 % de personnes mariées venues isolément. En fait, 67 % des consultants et 80 % des consultantes sont mariés.

— Les hommes sont plus nombreux que les femmes (55 % contre 45 %), ce qui est inhabituel en consultation psychologique ou psychopathologique ; ceci tient en partie au fait que nous insistons pour que les deux partenaires du couple collaborent à la psychothérapie, ce qui n'est pas toujours le cas pour d'autres centres où on pourra relever, par exemple, une proportion d'un tiers d'hommes pour deux tiers de femmes.

— En ce qui concerne l'âge, les extrêmes vont de 18 à 59 ans, le sommet de la courbe se situant à 28 ans pour les femmes et vers 32 ans pour les hommes.

— La majorité des clients consultent avant la cinquième année du mariage.

— 90 % des consultants ayant famille ont de un à trois enfants, exceptionnellement plus de quatre.

— Sur le plan de la scolarité, les hommes qui ont atteint un niveau universitaire viennent en tête (45 %) ; du côté féminin, la répartition est à peu près identique entre les

---

[1] Celle-ci consista en un dépouillement de 170 dossiers (pris au hasard) de clients de notre département et relatant à eux seuls le contenu d'environ 1600 consultations.

différents niveaux de scolarité, avec toutefois une certaine majorité (30 %) de femmes diplômées du secondaire supérieur.

— Si on analyse la profession des consultants, on constate une différence assez nette entre hommes et femmes; en ce qui concerne les hommes, on trouve 35 % d'employés, 15 % de professions libérales, 12 % d'enseignants (tous niveaux), 12 % d'étudiants et 1,8 % d'ouvriers; du côté féminin, on relève deux groupes principaux : les ménagères (45 %) et les employées (20 %). Les deux derniers points mettent en évidence un recrutement plus important dans les couches socio-culturelles moyennes ou supérieures. Ce phénomène ne s'explique pas par des considérations d'ordre financier; selon nous, il est lié au caractère même de l'entretien psychothérapeutique qui est mieux accepté par les couches mentionnées.

— Quand on examine l'origine géographique de la clientèle, on constate que la moitié des consultants habitent dans l'agglomération bruxelloise, 80 % dans la province de Brabant tandis que 20 % viennent d'une autre province ou sont des étrangers résidant en Belgique.

Les personnes récemment divorcées ou en instance de divorce ne consultent guère; pourtant, au cours de cette période, les intéressés passent souvent par une crise personnelle assez pénible; ceci s'explique vraisemblablement par le fait que ces sujets estiment qu'il y a contradiction entre leur situation et une démarche dans un centre de consultation conjugale, ou bien, en faisant appel à une impression (ressentie a priori par eux) de rejet, soit d'origine sociale, soit à mettre en rapport avec l'idéologie de certains conseillers. On consulte peu également dans les premiers temps du mariage, les conjoints espérant probablement que leurs difficultés s'aplaniront avec le temps.

## Plaintes motivant le recours à la consultation conjugale, attentes et craintes des clients avant la prise en charge

### PLAINTES FORMULÉES AU DÉPART EN CONSULTATION CONJUGALE

La liste présentée ci-dessous n'a rien d'exhaustif mais elle reflète assez fidèlement les plaintes habituelles : problèmes d'ordre sexuel (impuissance, frigidité, dysharmonie sexuelle) et de contraception, troubles dans l'interaction non sexuelle, la communication et la compréhension entre les partenaires, communauté d'intérêts insuffisante, défauts, traits caractériels mal supportés chez le partenaire, discussions, disputes et critiques chroniques, manque de tendresse et d'affectivité, jalousie excessive, infidélité, désaccord quant aux rôles (par exemple au sujet du travail de la femme ou de l'éducation des enfants), attitudes réactionnelles adoptées par un partenaire et non supportées par l'autre, solitude conjugale, symptômes névrotiques ou psychotiques chez un partenaire non tolérés par l'autre, doutes quant à une décision de divorce ou de séparation (demande d'approbation ou de désapprobation ou bien affolement devant ces perspectives).

Nous en référant à nouveau à notre relevé statistique de 1971, nous constatons que :

— Se rangent en premier lieu des problèmes sexuels : l'impuissance qui représente presque la moitié des cas masculins et la frigidité qui recouvre 40 % des cas féminins.

— Viennent ensuite les mésententes conjugales globales sur le plan affectif sans qu'il y ait de trouble sexuel bien défini; ce genre de plainte est plus le propre des femmes que celui des hommes.

— Par après, on trouve les accusations d'un partenaire à l'égard de l'autre sur le plan sexuel, l'homme se plaignant de la frigidité de sa partenaire dans 18 % des cas et la femme de l'impuissance de son conjoint dans une proportion à peu près équivalente.

— Ensuite se situent les mésententes à la fois affectives et sexuelles dont se plaignent plus souvent les consultantes.

— Dans la dernière catégorie, on peut classer divers problèmes tels l'infidélité, des doutes concernant une décision d'engagement conjugal, des demandes dans le domaine de la contraception ou des difficultés familiales autres que conjugales à proprement parler.

La durée moyenne des problèmes motivant la consultation est de plus de trois années ; ceci reflète une sérieuse chronicité des difficultés.

En règle générale, peu de personnes s'adressent à des centres de consultation conjugale avec des demandes concernant la contraception alors qu'ils disposent la plupart du temps d'un personnel entraîné à l'abord de ces questions ; cela s'explique par le fait que la majorité des personnes ayant un problème de régulation des naissances s'adressent en premier lieu soit à un médecin généraliste, soit à un gynécologue ; ceux-ci, quelle que soit leur compétence technique, n'ont malheureusement pas toujours une formation suffisante pour saisir, dans leur ensemble, notamment dans leurs implications psychologiques et psychopathologiques, les demandes concernant le birth control.

ATTENTES POSSIBLES DES CLIENTS AVANT LEUR PRISE EN CHARGE EN CONSULTATION CONJUGALE :

— le client espère assurément obtenir de l'aide mais il ignore, la plupart du temps, sous quelle forme elle lui sera offerte. Pourtant, de ce point de vue, il ne sera guère renseigné par les conseillers ou les psychothérapeutes qui adoptent l'approche dite « centrée sur le client »; en effet, comme nous le verrons par après, la structuration explicite des entretiens est déconseillée dans ce type de psychothérapie ou de relation d'aide psychologique;

— très souvent, le client s'attend à des conseils comme un patient attend du médecin des directives ou une prescription. Parfois même il croit qu'une solution précise à ses propres problèmes lui sera proposée dès la fin du premier entretien. Lors de celui-ci, le client formule d'ailleurs très souvent ses demandes de telle manière que normalement un conseil devrait s'ensuivre. Que la majorité des difficultés conjugales soient au départ présentées comme des problèmes à résoudre n'a rien d'étonnant; ces éléments ainsi exclus artificiellement du moi permettent au client d'éviter la blessure narcissique inhérente à la recherche d'aide pour sa propre vie personnelle. Les « courriers du cœur » de différents journaux reflètent plus ou moins bien l'attitude de ceux qui veulent ainsi séparer de leur ego un problème qui pourtant en fait partie; l'exclusion est ici plus évidente encore, vu l'élimination du face à face interpersonnel dans la demande d'aide; ce dernier accroît les risques d'humiliation sur le plan personnel mais promet par contre une assistance très personnalisée; cette ambivalence affective n'existe pas lors d'une demande écrite;

— assez souvent aussi, un client en situation de conflit interpersonnel voudrait obtenir du conseiller ou du psychothérapeute une évaluation, par exemple l'estimation par ceux-ci soit qu'il a raison, soit qu'il a tort;

— parfois, il n'attend guère de bénéfice d'une relation d'aide psychologique ou d'une psychothérapie; dans ces cas, cela est généralement dû au fait que les réponses données par son entourage à ses demandes ne l'ont pas ou guère aidé ; ces résultats nuls ou peu positifs sont soumis à une extrapolation au détriment de la relation d'aide psychologique ou de la psychothérapie ;

— de façon plus ou moins inconsciente, le client peut aussi espérer produire sur le conseiller une impression favorable, susciter son respect et son admiration ;

— il peut également avoir l'espoir inconscient que sa demande tant explicite qu'implicite n'obtienne pas de réponse adéquate ; au-delà de cette espérance peuvent se profiler des désirs d'auto-punition, de satisfaction de besoins masochistes et l'obtention de gains secondaires aux problèmes avec lesquels il se débat ou à la morbidité présentée ;

— le fait que le client attende du conseiller ou du psychothérapeute une position autoritaire représente souvent un phénomène ambigu ; on pourra en effet remarquer, lors de la prise en charge, des attitudes de révolte et de désaccord à l'égard de propos directifs qui pourraient provenir de ces derniers, alors qu'ils n'ont pas été verbalisés ; il s'agit là d'une défense de premier front contre une éventuelle invasion de la vie personnelle.

### CRAINTES ÉVENTUELLES DU CLIENT AVANT LA PRISE EN CHARGE EN CONSULTATION CONJUGALE

— Le client peut redouter l'affrontement de ses propres dysfonctionnements psychologiques intrapsychiques et interpersonnels. Ce dernier s'accompagne quasi toujours d'affects pénibles. C'est une des causes essentielles du déguisement plus ou moins inconscient par le client des raisons qui forment le support de sa plainte initiale. Celle-ci s'accompagnera souvent de questions générales ou banales qui serviront de moyens temporaires pour écarter les sentiments d'humiliation.

— Beaucoup craignent de devoir parler tout en désirant intensément le faire.

— Le client pourra appréhender d'être considéré comme un cas psychiatrique, comme un malade mental plus ou moins grave.

— Une mauvaise appréciation de la part du conseiller ou du psychothérapeute peut être redoutée.

— Avoir à parler de problèmes personnels embarrassants, sexuels en particulier, à une personne du sexe opposé, risque d'être craint par certains clients.

— Le client peut s'attendre craintivement à une remontrance de la part du conseiller. Cela sera souvent le cas quand cette attitude a déjà été adoptée par une personne non spécialisée à laquelle il s'est adressé auparavant.

— Beaucoup redoutent de rencontrer chez le conseiller une attitude identique à celle de leur partenaire. Mentionnons à ce propos une règle fondamentale en psychothérapie ou en relation d'aide psychologique : celle de ne pas entrer en relation de complémentarité avec le client. Une brève explication est ici nécessaire :

Chaque être humain est doté d'une structure de personnalité qui trouve son complément, recherché d'ailleurs, dans ses relations interpersonnelles en général et conjugales en particulier, (par exemple, une personne douce, effacée et inhibée pourra rechercher la compagnie amicale ou conjugale de sujets autoritaires et extravertis); si le choix est conjugal, il se posera ou non un problème selon que la complémentarité persiste ou non; si, dans ce dernier cas, les difficultés conjugales sont présentées à un conseiller (ou un psychothérapeute), celui-ci doit le plus rapidement possible deviner le type de personnalité complémentaire de celle de son client, car si son attitude psychothérapeutique, même réclamée par la méthodologie adoptée, est le décalque de ce complément, elle doit être modifiée, faute de quoi l'évolution du consultant ne se produira pas.

— L'attachement affectif au conseiller ou au psychothérapeute et la dépendance à leur égard peuvent également être craints.

— Il est enfin possible que le client appréhende un changement personnel. A ce propos, il faut comprendre l'ambivalence de certaines demandes initiales ; certains clients venant trouver un conseiller ou un psychothérapeute du couple pour lui parler de ce qu'ils ont de plus personnel, désirant être entendus et compris, craignent en même temps de l'être, car la compréhension cognitive et affective d'un sujet peut être le premier pas vers une maturation personnelle ; il y a donc dans ces cas coexistence du besoin d'être aidé avec la crainte de la possibilité de l'être et de s'en trouver par-là même modifié.

## Définition de la relation d'aide psychologique ou de la psychothérapie conjugales et différences entre celles-ci et d'autres formes d'aide psychologique

### DÉFINITION DE LA RELATION D'AIDE PSYCHOLOGIQUE OU DE LA PSYCHOTHÉRAPIE CONJUGALES

La majorité des clients des centres de consultations conjugales sont des personnes qui, d'une part, se sont révélées déficientes dans leurs possibilités de don et de réceptivité dans leur conjugalité et qui, d'autre part, ont généralement rencontré au cours de leur existence de sérieuses difficultés dans leurs tentatives d'établir avec les autres des relations satisfaisantes ; à la base de ces difficultés, on trouve, la plupart du temps, des problèmes psychologiques personnels. Il est inexact d'affirmer que des personnes ayant des difficultés conjugales chroniques sont en général strictement normales et que leurs difficultés résident uniquement dans l'interaction qu'elles ont avec leur partenaire. La distinction non vraiment fondée entre conseil conjugal s'adressant à des personnes soi-disant normales et psychothérapie conjugale destinée aux sujets pathologiques sur le plan mental peut aveugler certains clients sur leur état d'équilibre psychologique. Étant donné ce qui vient d'être dit, on peut proposer du conseil conjugal ou de la psychothérapie conjugale une définition à caractère large, la suivante par exemple : le conseil conjugal ou la psychothérapie conjugale sont des activités par lesquelles un conseiller entraîné de façon appropriée ou un psychothérapeute assistent en général deux personnes à développer des capacités de résoudre, jusqu'à un certain point, non seulement les problèmes qui altèrent leur relation conjugale mais aussi leurs conflits intrapsychiques éventuels et les difficultés qu'elles ont souvent dans leurs autres rapports interpersonnels en général. Il y a osmose entre les différents secteurs psychologiques ; l'homme ne peut être abordé que dans sa totalité ; il n'est pas possible de s'en tenir exclusivement à l'un de ces secteurs. Il s'agit en pratique de faire prendre conscience aux clients de ce qui est approprié ou non dans leurs sentiments, attitudes, attentes, etc..., mais pas uniquement dans la mesure où ceux-ci sont en rapport avec leur conjugalité, et ce, afin qu'ils puissent se forger de meilleurs patterns de comportement et réduire les tensions inhérentes aux conflits qu'ils ont fréquemment.

Les définitions qui laissent à penser que seule l'interaction conjugale est dysfonctionnelle ou qu'il est possible de n'aborder que cette dernière sont tendancieuses ; nous ne les citerons pas. A l'inverse, on peut aussi trouver des définitions trop générales qui ne font même pas allusion à la relation conjugale, donnant ainsi une idée trop vague de ce qu'est en réalité le conseil conjugal ou la psychothérapie conjugale.

## DIFFÉRENCES ENTRE LE CONSEIL CONJUGAL, PSYCHOTHÉRAPIE CONJUGALE ET D'AUTRES FORMES D'AIDE PSYCHOLOGIQUE

Il existe une différence fondamentale entre l'aide psychologique procurée par le conseil conjugal ou la psychothérapie conjugale et celle apportée par l'entourage du couple en difficulté et par les membres des professions d'aide « experte » à autrui. La plupart des personnes aux prises avec des difficultés conjugales chroniques posent, au départ, des questions précises et explicites concernant leurs problèmes ; il s'agit en général de demandes de conseils ou bien d'information d'ordre technique. Toutefois, il y a généralement au-delà de ces demandes consciemment exposées, un appel beaucoup moins conscient d'aide au niveau de la personnalité et dont la présence est signifiée par les difficultés que manifeste le client dans la présentation de son discours et des modalités extraverbales de sa communication. Le conseiller ou le psychothérapeute conjugaux s'efforceront de répondre à cet appel moins conscient, sans cependant commettre l'erreur psychologique de négliger les demandes initiales consciemment formulées. L'entourage du couple et les membres de professions d'aide « experte » à autrui répondent plus ou moins rapidement aux demandes de conseils ou d'ordre technique et négligent généralement les appels d'aide au niveau de la personnalité même s'ils sont plus ou moins pressentis, leurs implications provoquant souvent un certain malaise. Les réponses aux demandes de conseil doivent être évitées, pour des raisons qui seront exposées dans le chapitre traitant des aspects méthodologiques. Doivent l'être également les évaluations négatives à propos du contenu ou du contexte de la demande. Quant aux réponses à une demande initiale d'ordre technique, à supposer qu'elles soient précises et utiles, elles peuvent parfois être bénéfiques indirectement pour la relation interpersonnelle elle-même; toutefois, dans la plupart des cas, ces réponses techniques laissent le couple emprisonné dans ses problèmes (l'erreur du conseiller est alors de s'allier inconsciemment aux partenaires du couple pour masquer leurs failles fondamentales, en n'ayant pas saisi que la demande n'était au fond qu'une perche qui lui était tendue; les partenaires n'ont ainsi provisoirement plus à se repenser).

Il y a également des différences entre d'une part le conseil conjugal et la psychothérapie conjugale et d'autre part la psychothérapie ou la relation d'aide psychologique personnelles. La dimension commune entre ces différents types d'aide psychologique, c'est l'aspect thérapeutique.

Les différences se situent :

1. *Au niveau des plaintes pour lesquelles on consulte au départ :*

— En consultation conjugale ou en psychothérapie conjugale, les clients sont généralement peu conscients de leurs difficultés personnelles, alors qu'elles existent dans la majorité des cas, se révélant seulement dans la suite des entretiens. Assez souvent, le client se plaint de son conjoint ou de difficultés interpersonnelles; il s'implique difficilement au début dans les difficultés conjugales; ce faisant, les mécanismes de défense qu'il emploie sont la négation, la projection et la rationalisation. La demande initiale du client se centre donc fréquemment sur l'Objet. La plupart des conseillers conjugaux et des psychothérapeutes de couples se trouvent donc, au départ, confrontés avec des personnes ne manifestant pas de signes de psychopathologie franche.

— En psychothérapie ou relation d'aide psychologique personnelles, les consultants se plaignent essentiellement d'eux-mêmes, d'un trouble dont ils ont plus ou moins conscience quel qu'en soit le support inconscient.

L'étude que FLIPOT, G. et nous-même avons réalisée en 1971, et dont nous avons déjà fait mention dans le premier chapitre, avait entre autres pour but d'investiguer les différences existant entre les clients d'une consultation conjugale et familiale et les patients non psychotiques d'une consultation psychiatrique générale. Cette étude a été réalisée à travers le Rorschach. Les résultats suivants ont été obtenus :

— En ce qui concerne l'importance des troubles rencontrés :

En consultation familiale et conjugale, le plus souvent, les clients ne présentent pas de problématique névrotique évidente (ou si elle existe, elle est compensée), sinon à l'état latent, alors que celle-ci est manifeste dans une consultation psychiatrique générale.

— A propos de la symptomatologie :

a) On remarque, dans l'interview psychologique, une attitude personnelle tout à fait différente en ce qui concerne le symptôme.
   En effet, le névrosé se met en question par son symptôme tandis que le client de la consultation conjugale met son partenaire en question en projetant sur lui son symptôme. A ce propos, il est frappant de constater que le client qui se présente en premier lieu à la consultation est assez souvent le plus sain des deux partenaires.

b) Pour ce qui a trait à la dimension sexuelle :

   — celle-ci est plus frappante, plus nette, plus manifeste chez les clients de la consultation conjugale. Pour étayer cette affirmation, nous nous sommes fondés sur des réponses sexuelles explicites au niveau génital, et beaucoup plus rarement, au niveau anal; ces réponses peuvent renvoyer à des tendances perverses latentes. De toute façon, elles situent le symptôme manifeste au niveau sexuel.

— Par contre, dans le groupe choisi au hasard dans une consultation psychiatrique, c'est la problématique névrotique qui apparaît avec parfois dépression réactionnelle et la dimension sexuelle manifeste est absente : on obtient donc pour ce groupe une situation inverse de celle rencontrée en consultation conjugale.

Il y a beaucoup de personnes névrotiques ayant une authentique conjugalité fonctionnelle; ce qui semble moins certain, c'est que des individus parfaitement sains sur le plan personnel puissent avoir, autant que ceux troublés psychologiquement, des problèmes graves et chroniques dans une relation conjugale véritable.

2. *Au niveau des buts :*

— En conseil conjugal ou en psychothérapie conjugale, on vise l'amélioration à la fois d'un couple et de ses partenaires. Ce couple peut être le couple actuel ou, dans le chef d'un des conjoints ou même des deux, un nouveau couple potentiel.

— En psychothérapie ou relation d'aide psychologique individuelles, c'est dans le but d'une amélioration personnelle que les efforts sont déployés.

Certaines nuances doivent ici également être introduites :

— En psychothérapie ou relation d'aide psychologique individuelles, on est généralement confronté tôt ou tard avec des problèmes de couple; la psychopathologie individuelle est en outre susceptible de provoquer de graves dysfonctionnements sur le plan familial et conjugal; enfin, étant donné l'homéostasie conjugale, le partenaire du conjoint demandeur doit être averti des risques pour le couple et lui-même qu'implique une prise en charge unilatérale, cet avertissement devant, ainsi que nous le verrons dans le prochain chapitre, généralement être suivi soit d'une préparation de ce partenaire, soit d'un soutien psychologique de ce dernier, soit parfois d'une psychothérapie intensive.

— En consultation conjugale, comme il vient d'être dit, on aboutit en général, après un certain temps, au surgissement de problèmes intrapsychiques qu'il faudra tenter d'amenuiser ou de liquider. Il est aussi utile de savoir que la famille et le couple peuvent être sources de psychopathologie pour les membres qui les constituent.

3. *Sur le plan technique :*

— Si on considère l'ensemble des tâches du conseiller ou du psychothérapeute conjugaux, la « centration » pure sur le client, ou si l'on préfère la non-directivité, est en général plus lâche qu'en psychothérapie ou relation d'aide psychologique individuelles, notamment parce que, en consultation conjugale, il existe tout un aspect d'information, de pédagogie et qu'il peut y avoir une urgence sociale, facteurs réclamant une certaine directivité; l'attitude centrée doit toutefois demeurer absolue quand il s'agit de problèmes à caractère strictement psychologique interpersonnels et/ou intrapsychiques.

— La description des autres différences d'ordre technique sort du cadre de cet ouvrage.

# CHAPITRE III

# PROBLÉMATIQUES POSÉES PAR L'AIDE PSYCHOLOGIQUE AU COUPLE ET A LA FAMILLE ET ANALYSE CRITIQUE DES DIFFÉRENTES STRUCTURES D'AIDE PSYCHOLOGIQUE EN MATIÈRE CONJUGALE ET FAMILIALE

## A. Problématiques posées par l'aide psychologique au couple et à la famille

### I. ÉVOLUTION D'UNE CONJUGALITÉ DYSFONCTIONNELLE CHRONIQUE SUITE À LA PRISE EN CHARGE PSYCHOLOGIQUE DES PARTENAIRES

L'évolution d'une relation conjugale dysfonctionnelle suite à la prise en charge psychologique des partenaires n'est guère prévisible : l'union peut se briser, il est possible que la conjugalité se fige dans une altération chronique ou reprenne son équilibre initial, il se peut qu'elle devienne plus authentique (les affinités entre partenaires s'étant en partie renouvelées et formant un lien plus dense, avec modification parallèle de l'homéostasie du couple).

La psychothérapie ou la relation d'aide psychologique en matière conjugale semblent agir comme un catalyseur : le processus qui se serait développé spontanément à partir du moment où s'est amorcé le déséquilibre dans l'homéostasie de la relation conjugale est accéléré ; ce processus en tant que tel n'est donc pas modifié par la psychothérapie ou la relation de conseil ; mais, quel qu'en soit l'aboutissement, les pénibles et longues souffrances d'une évolution naturelle sont évitées et la maturité psychologique des partenaires pourra s'être accrue. A cette catalyse se superpose toutefois, du fait même de la démarche en consultation conjugale, une attitude, plus positive que dans le processus naturel, des partenaires à l'égard de leur propre couple. Les raisons en sont les suivantes :

— Tout d'abord la plupart des clients demandeurs en consultation conjugale ont un vouloir orienté positivement à l'égard de leur conjugalité avec leur partenaire actuel, ce qui accroît la possibilité, soit d'une restructuration de l'homéostasie, soit d'un retour au statut initial.

— Ensuite, étant donné le fait que le problème posé au départ est d'ordre conjugal, l'image du conjoint est toujours très présente dans le psychisme du consultant, tantôt très vivement, tantôt en filigrane, ce qui va de pair avec une attention à l'autre, même s'il est spatialement absent au moment de l'entretien.

— Enfin, si la démarche est commune ou a été rendue telle, les deux raisons précédentes se trouvent de ce fait renforcées.

## 2. IMPACT IDÉAL DE LA RELATION D'AIDE PSYCHOLOGIQUE OU DE LA PSYCHOTHÉRAPIE CONJUGALES

Le conseiller ou le psychothérapeute en matière conjugale ont le choix entre plusieurs attitudes : ils peuvent s'adresser essentiellement et spécifiquement au micro-groupe que forme le couple actuel ; il leur est également possible d'apporter une aide psychologique personnelle à l'un des deux partenaires ou aux deux, ou d'adopter une attitude mixte, soit plus proche du groupe-couple, soit plus à proximité des partenaires, soit à une distance plus ou moins égale entre ces deux pôles. Quelle que soit l'option personnelle (qui comporte toujours des implications d'ordre moral) du conseiller ou du psychothérapeute, la dimension conjugale ne saurait être exclue du simple fait qu'il existe dans la demande initiale un contenu d'ordre conjugal plus ou moins important.

Il peut ici s'avérer utile d'analyser d'un point de vue phénoménologique les différentes modalités des demandes initiales en consultation conjugale.

Assez fréquemment, un seul partenaire se présente en consultation conjugale ; toutefois, à l'heure actuelle, cette situation se présente plus rarement qu'auparavant. Sur le plan formel, la demande posée, indépendamment de son contenu réel, est d'ordre conjugal dans la mesure où elle est adressée à une personne s'occupant « officiellement » de problèmes conjugaux. Par ailleurs, si la demande de départ possède un contenu plus conjugal que personnel, le conjoint absent de la consultation est présent, sur le plan imaginaire, pour celui qui consulte ; l'image du partenaire qui ne consulte pas se profile dans le discours du conjoint demandeur ; cette image subit des modifications suite aux changements survenus dans l'image du partenaire œdipien au cours de la relation d'aide psychologique ou psychothérapie, formant ainsi une image nouvelle reprojetée par le client sur son conjoint ; le demandeur réagit sur le plan affectif, dans sa conjugalité, selon les remaniements de l'image ; son partenaire, de son côté, s'il perçoit la nouvelle attitude de son conjoint, y répond souvent, se conformant plus ou moins inconsciemment aux changements dans les projections, apportant ainsi une aide involontaire au psychothérapeute ou au conseiller de son conjoint. Dans ce cas précis de consultation conjugale unilatérale, d'importantes prises de conscience peuvent avoir lieu au sujet de la relation conjugale elle-même et des changements comportementaux peuvent s'ensuivre. Cette attitude bénéfique de la part du conjoint non consultant est souvent observée dans les débuts d'une prise en charge psychologique de l'autre ; elle n'est générale-ment pas maintenue. A la longue, la relation de conseil ou la psychothérapie d'un seul partenaire du couple occasion-nent souvent l'apparition chez l'autre de réactions plus ou moins négatives et nuisent à la conjugalité actuelle des partenaires en bouleversant l'équilibre du couple. C'est entre ces cas de relation d'aide psychologique ou psychothérapie conjugales unilatérales intensives, et ces mêmes formes d'aide psychologiques pour éléments psychopathologiques person-nels, névrotiques, par exemple que la distance problématique est la plus faible.

La problématique conjugale au niveau de la demande paraît a priori plus évidente quand les deux partenaires consultent ensemble. Elle ne l'est pas toujours cependant ainsi que le signale si judicieusement LEMAIRE J.-G. En effet : d'une part, un seul des deux conjoints effectivement présents lors de la consultation peut formuler une demande d'ordre conjugal, tandis que l'autre veut prouver qu'il n'est pas justifié pour lui de s'englober dans la demande, accepte de collaborer sans s'investir réellement ou désire simplement se disculper en montrant à l'autre, tout en se réassurant lui-même, qu'il désire bien tout tenter pour son couple alors qu'est déjà nette chez lui la volonté de séparation psycho-logique ou totale ; d'autre part, la problématique personnelle peut être très évidente dans l'appel initial des deux deman-deurs : l'intention de durée et de communauté caractéristique de toute relation amoureuse authentique reste a priori présente, mais en toile de fond, derrière un désir de change-ment personnel propre, relationnel, conjugal et général.

Toutefois, quand les conjoints font à deux la démarche initiale, leur demande explicite concerne souvent leur conjugalité actuelle, qu'ils veulent plus harmonieuse. Le psychothérapeute ou le conseiller conjugaux commettraient une erreur en négligeant et a fortiori en ignorant la première signification de la démarche, fût-ce uniquement parce que le dysfonctionnement motivant la première consultation peut constituer un indice de prédiction sur le plan du lien conjugal.

La demande de départ se modifie souvent avec le temps. En pratique, le psychothérapeute ou le conseiller conjugaux auront fréquemment à transformer en deux psychothérapies ou relations d'aide psychologiques individuelles leur approche d'une altération dans l'interaction conjugale perçue initialement par tous les protagonistes comme un trouble dans la communication interpersonnelle à un quelconque niveau.

Il y a donc très souvent deux dimensions complémentaires présentes, du moins successivement, dans une relation d'aide psychologique ou une psychothérapie conjugales :

— l'une que l'on pourrait qualifier d'horizontale et qui, d'un point de vue existentiel, n'est pas plus superficielle que la seconde, vise la communauté de deux partenaires ayant une intention de durée.

— l'autre, qu'on qualifierait volontiers de verticale dans le chef des clients, forme une aide psychologique, plus ou moins intensive, à l'un ou généralement aux deux partenaires du micro-groupe conjugal; cette dernière a pour résultat éventuel de resituer dans la conjugalité certains éléments régressifs jugés pathologiques dans un autre contexte.

Ces deux dimensions sont donc intriquées; force est toutefois de constater que la seconde est, dans l'ensemble, plus accentuée que la première.

La plupart des psychothérapeutes et certains conseillers

conjugaux accordent, de fait, une plus grande attention aux personnes qu'au couple actuel; une minorité de psychothérapeutes mais beaucoup de conseillers conjugaux par contre se polarisent sur l'entité-couple. Ces deux attitudes, nous l'avons mentionné un peu plus haut, sont l'une comme l'autre le reflet de positions éthiques de valeur et de sens différents. L'attitude des secondes demeure en tout cas difficilement acceptable sur le plan psychothérapeutique ou de la relation d'aide psychologique; le psychothérapeute ou le conseiller postulent a priori que sont psychologiquement valables des liens dont ils ignorent l'essentiel; cette position ne peut être que précaire et susceptible de faire l'objet de manipulations diverses au niveau conjugal lui-même mais aussi de la part de la famille et de la société (dès lors, le psychothérapeute ou le conseiller servent d'instruments au service de certaines structures; ce glissement, facilité par une position aprioriste du psychothérapeute ou du conseiller, peut les transformer en sociothérapeutes ou conseiller d'une structure sociale à maintenir dans un cadre déterminé). Cet important problème a déjà été évoqué dans l'Avant-Propos. Le conseiller ou le psychothérapeute conjugaux n'ont pas à apprécier eux-mêmes les valeurs psychologiques ou autres des partenaires. La relation d'aide psychologique ou la psychothérapie didactiques doivent d'ailleurs les avoir sensibilisés à cette question délicate. Les psychothérapeutes ou conseillers ont à rester neutres devant les choix et les buts de leurs clients, sans que pour cela leur empathie soit moindre. Cette neutralité empathique est d'autant plus difficile à maintenir dans l'approche du couple en difficulté que le face à face y est généralement adopté; ce dernier conduira assez facilement à des erreurs techniques, par exemple, la révélation à ses clients par le conseiller d'éléments peu conscients, tels ses affects et désirs à leur égard. Il convient toutefois de reconnaître qu'une approche psychologique des partenaires d'un couple en difficulté comporte des dimensions idéologiques, socio-culturelles et pratiques qui sont moins réductibles encore que celles impliquées par la prise en charge en psychothérapie ou counseling d'un célibataire par exemple. C'est pourquoi l'approche et les sessions conjointes, familiales ainsi que celles de groupe de couples dont nous parlerons par après dans ce chapitre, doivent être maniées avec beaucoup de précautions, même si le psychothérapeute ou le conseiller se rangent dans la catégorie de ceux qui accordent plus d'attention aux personnes qu'au couple. Les approches et les sessions en question, de par leur structure même, attirent plus que les autres méthodes l'attention sur le groupe conjugal ou familial actuel. Selon nous, il est prudent de laisser les clients choisir eux-mêmes l'une de ces approches ou sessions, sauf s'il y a des contre-indications. Si le psychothérapeute ou le conseiller conjugaux proposent eux-mêmes ces approches ou sessions, pour des raisons techniques par exemple, même s'ils se centrent plus sur l'individu que sur le couple, certains partenaires manifesteront de la résistance en prêtant une intention a priori « conjugale » au conseiller ou au psychothérapeute.

En guise de conclusion, on pourrait dire que le psychothérapeute ou le conseiller en matière conjugale peuvent, avec leurs consultants, essayer d'améliorer les possibilités personnelles de communication de ces derniers avec autrui à différents niveaux, en s'axant surtout sur les éléments névrotiques qui les inhibent.

### 3. DANGERS OU INCONVÉNIENTS DES PRISES EN CHARGE UNILATÉRALES EN CAS DE PROBLÈMES CONJUGAUX

Lorsque les membres d'une unité fonctionnelle sur le plan psychologique ont établi entre eux un équilibre d'homéostasie, toute tentative de modification de ce dernier, entraîne, par un mécanisme de feed-back, des réactions destinées à l'expulsion de l'élément perturbateur; les pôles peuvent éventuellement s'inverser (comme dans les couples dont les partenaires font des dépressions à bascule), mais l'équilibre fondamental reste inchangé. Cet état, le propre aussi bien de couples normaux que pathologiques, mais non devenus chroniquement « conflictuels », se concrétise par le fait que les besoins de chaque partenaire se trouvent satisfaits par les attitudes et le comportement de l'autre. Ce phéno-mène a aussi été décrit par BATESON, G. et ses collaborateurs à propos de la famille dans sa totalité. Chez la plupart des couples « conflictuels » de façon chronique a été amorcé un déséquilibre de cette homéostasie, source de la crise et des conflits. Mais le déséquilibre peut se produire autrement que de façon spontanée : il peut être dû à une évolution d'un partenaire suite à une prise en charge unilatérale en psycho-thérapie ou relation d'aide psychologique, que ce soit pour problèmes conjugaux ou personnels. Il est étonnant de constater combien les psychothérapeutes et les conseillers négligent généralement ce problème. Il faut toujours songer aux réactions psychologiques susceptibles d'être provoquées chez un partenaire par une relation d'aide psychologique (ou une psychothérapie) intensive de son conjoint. Ce problème ne se pose pas quand l'aide psychologique apportée est du type « soutien », car alors l'équilibre dynamique personnel et interpersonnel du sujet n'est guère mis en question. Ce problème a peu d'importance quand l'investissement affectif des partenaires l'un à l'égard de l'autre est minime. Un partenaire d'un couple qui s'est engagé dans une psycho-thérapie (ou relation psychologique) intensive réussie en arrive généralement à être plus autonome par rapport à lui-même et à autrui; il peut avoir découvert que sa conju-galité était le fruit d'éléments pathologiques, tant chez lui que chez son conjoint, sans amour authentique, et décider alors un détachement psychologique à l'égard de ce partenaire, séparation dont les modalités pratiques seront essentiellement fonction de ses valeurs éthiques tandis que d'autres, tenant davantage compte de ce qui a déjà été construit à deux et d'éléments sociaux, tentent d'aider leur conjoint à se modifier en lui suggérant par exemple de demander une aide psychologique. Mais en règle générale, avant que ces comportements aient lieu, se sont manifestées chez le conjoint non consultant diverses réactions.

Nous avons vu précédemment qu'assez souvent encore un partenaire se présentait seul en consultation conjugale. Dans ce cas, son conjoint peut espérer un changement qu'il facilitera éventuellement au départ et auquel peut-être il envisagera de s'adapter en se modifiant lui-même et le fera, un certain temps, du moins, si son moi est assez fort pour procéder à cette adaptation. Un partenaire d'un couple, dès le début d'une psychothérapie (ou relation d'aide psychologique) intensive de l'autre pour quelque motif que ce soit, y compris d'ordre conjugal, finira par s'intéresser à ce qui se passe comme changement chez son conjoint; il y a plus : s'il ignore la démarche de ce dernier, ou même s'il s'y est opposé, souvent il sera ébranlé devant les changements dans les possibilités communicatives de son partenaire et y réagira au début de façon positive. Un phénomène de ce genre se produit souvent chez des parents dont un enfant, symptôme de leur dysfonctionnement conjugal, est en psychothérapie ou en relation d'aide psychologique : comme nous l'avons décrit dans le premier chapitre, ils tentent de s'immiscer dans celles-ci. Il faut toutefois noter que ces attitudes positives initiales du conjoint non consultant, sont beaucoup moins courantes quand son partenaire consulte pour des troubles intrapsychiques; en effet, il ne se sent pas concerné par une symptomatologie à l'élaboration, la signification et l'orientation de laquelle il participe pourtant bien souvent même si, en pratique, les symptômes lui sont difficilement supportables.

En général, quand un conjoint consulte pour une symptomatologie névrotique ou pour un problème conjugal sous-tendu par des éléments névrotiques, l'autre n'anticipe pratiquement jamais les réactions et les affects négatifs que va susciter à plus ou moins longue échéance la maturation éventuelle de son conjoint, concrétisée par une mobilisation chez ce dernier, d'éléments émotionnels et comportementaux.

Ces réactions et affects négatifs, qui se présentent généralement chez un conjoint lors d'une maturation appréciable de son partenaire, sont assez variables. On pourra observer par exemple :

— une anxiété provoquée par le changement de l'équilibre inconscient dans lequel il est intriqué et qui l'entraîne à un sabotage du traitement, souvent jusqu'à son interruption. La séquence des réactions est dans ce cas très caractéristique :

a) un partenaire du couple entreprend une psychothérapie ou entre dans une relation d'aide psychologique pour raisons personnelles ou conjugales;

b) le conjoint non traité encourage au début la psycho-thérapie ou la relation d'aide psychologique de son partenaire, parfois tente de s'adapter à ses changements;

c) quand ceux-ci sont trop importants, l'équilibre du couple se rompt;

d) l'anxiété du partenaire non traité est mobilisée;

e) ce dernier sabote la psychothérapie ou la relation d'aide psychologique de son conjoint, tentant de faire revenir l'autre à l'état d'équilibre qui existait avant la prise en charge psychologique ou plus rarement assume l'obligation vague-ment ressentie de changer lui-même;

f) le partenaire en traitement tend lui aussi à saboter la relation psychothérapeutique ou d'aide psychologique : il résiste au traitement en utilisant son partenaire pour se défendre contre l'amélioration et les prises de conscience, parce qu'il se rend compte que l'équilibre est rompu et que la solution économiquement la plus simple pour tous est de se rééquilibrer à l'intérieur ou en deçà de ce qui s'est passé sans aller jusqu'à une véritable remise en question.

— Des plaintes d'allure psychosomatique, au sens large de ce terme.

— Un syndrome anxio-dépressif. Tous les psychiatres connaissent l'éclosion de la dépression suite à un dysfonctionnement conjugal chronique. Les éléments dépressifs peuvent être particulièrement évidents chez un des conjoints si l'autre présente une nette évolution « maturative ». Cette forme de réaction est la plus fréquente. Sur le plan psychogénétique, la dépression représente un retrait de la libido objectale sur le moi. Le conjoint en psychothérapie intensive (ou relation d'aide psychologique) investit son psychothérapeute ou son conseiller comme il avait investi ses parents dans sa psychogenèse ou son partenaire lui-même, le plus souvent au détriment (fantasmatique ou réel) de ce dernier; celui-ci, se voyant ainsi privé de son propre pôle objectal se sent rejeté, mis en accusation et éprouve des sentiments d'incapacité, notamment dans le domaine de l'amour, avec des affects anxieux, de culpabilité et dépressifs concomitants; sa libido redevient narcissique. Le syndrome dépressif réactionnel est lié au sentiment d'être abandonné, à celui de ne plus compter pour quelqu'un, de ne plus susciter le désir de l'Objet. La sidération anxio-dépressive se produit aussi dans la vie courante : la séparation plus ou moins brusque, le retrait progressif de l'investissement amoureux ou l'infidélité en sont des causes fréquentes.

— La jalousie (phénomène projectif), agressive ou non, jusqu'alors latente, peut apparaître à l'égard du psychothérapeute ou du conseiller.

— Une révélation ou une augmentation d'éléments névrotiques mineurs ou cachés jusqu'alors. Dans la majorité des cas, il s'agit de personnes qui utilisaient, pour masquer leur propre névrose, les mécanismes de défense névrotiques de leur partenaire. Quand ce dernier s'améliore ou guérit par la psychothérapie ou la relation d'aide psychologique, il leur reste pour seule solution de laisser émerger des mécanismes défensifs névrotiques jusqu'alors latents ou peu importants chez eux.

— Parfois, des actes de « représailles » contre le partenaire en voie d'amélioration.

— Des phénomènes délirants ou psychotiques. L'apparition de ces derniers est assez rare ; elle peut aussi se produire après certaines prises de conscience chez des clients au moi trop faible pour faire face à la déperdition de liens névrotiques, narcissiques en particulier, ayant auparavant servi de fondement psychologique à leur relation amoureuse.

— La rupture du lien conjugal, décidée par l'un des partenaires ou les deux. Il est de connaissance commune qu'une psychothérapie ou relation d'aide psychologique intensives unilatérales sont contre-indiquées chez des clients mariés, parce qu'elles amènent souvent la désagrégation des liens. Le but d'une psychothérapie ou d'une relation d'aide psychologique quelles qu'elles soient n'est ni de renforcer, ni de stabiliser, ni de détruire un lien conjugal, mais de permettre au client d'accéder à plus d'autonomie, de maturité et de tolérance en éliminant les symptômes gênants et les inhibitions. Cela peut avoir plusieurs résultats sur le plan conjugal : la séparation psychologique, une meilleure union (l'amour s'exprimant enfin sans entraves) ou un statu quo assumé. Il faut éviter d'indiquer sans réflexion sérieuse préalable une psychothérapie (ou une relation d'aide psychologique) intensive chez un seul partenaire d'un couple qui a des enfants; le risque de perturber l'homéostasie d'une famille entière est trop important dans ce cas. Pour illustrer ce qui vient d'être expliqué, signalons qu'il faut par exemple être prudent avec les partenaires d'un couple dont l'équilibre est basé sur des oscillations psychopathologiques présentées à tour de rôle chez les deux partenaires, notamment chez un couple dont les partenaires font des dépressions « à bascule » (la prise en charge unilatérale de l'un peut le faire bénéficier d'une thymie plus ou moins normale et constante mais entraînant chez l'autre l'installation d'un syndrome dépressif souvent sévère et de longue durée).

Ces conséquences négatives pour le conjoint non consultant d'une psychothérapie (ou d'une relation d'aide psychologique) intensive de son partenaire se voient principalement :

— quand le psychothérapeute (ou le conseiller) a considéré que le moi de ce conjoint est assez solide pour s'adapter au fur et à mesure à l'évolution de l'autre;

— quand ce dernier n'a pas été prévenu de son inéluctable englobement dans les problèmes présentés;

— enfin, lorsque, toutes précautions d'avertissement prises, la psychothérapie (ou la relation d'aide psychologique) catalyse la révélation d'un vice fondamental dans la construction du couple, que le conjoint ne tente pas de renouveler par sa réadaptation personnelle.

Le psychothérapeute ou le conseiller conjugaux doivent dans toute la mesure du possible essayer de deviner les vices fondamentaux déjà présents dans la relation conjugale ou les réactions négatives futures d'un conjoint à une psychothérapie (ou une relation d'aide psychologique) intensive de son partenaire. Ils doivent alors avertir les conjoints de leurs clients de ce qui peut se passer, les invitant à l'adaptation ou à l'orientation vers une demande d'aide psychologique procurée par eux-mêmes ou d'autres. Lorsque les avertissements ont été donnés, ainsi que les éventuelles suggestions, les décisions doivent être prises par les personnes concernées. Celles-ci arrêtées, les prises de conscience ne peuvent que difficilement être interrompues par le psychothérapeute ou le conseiller, qui, dès ce moment, n'ont plus d'autre rôle que de les favoriser. Les mises au point initiales permettent souvent d'éviter les ruptures brutales de psychothérapie ou de relation d'aide psychologique. Ces précisions qui ont l'avantage d'avoir lieu avant l'émergence des vrais problèmes coexistent, pour le conjoint qui n'a pas consulté, avec, au minimum, une certaine préparation et, au maximum, son investissement personnel dans une relation de conseil ou psychothérapie. Dans certains cas, les mises au point et aides préliminaires à apporter au conjoint, au départ, peuvent se faire via le partenaire demandeur sur la suggestion de son psychothérapeute (ou conseiller) propre, éventuellement d'un autre. Parfois, le partenaire du conjoint consultant fait fi des premières mises en garde et décompense ; il est même possible de le voir alors refuser d'être pris en charge ou accepter pour la forme son investissement, ou l'admettre sincèrement pour l'interrompre à la moindre amélioration jusqu'au moment où son état dégénère gravement. Ces comportements psychologiques peuvent facilement se comprendre : souvent, le partenaire du conjoint consultant n'est pas motivé personnellement (même s'il décompense suite à l'évolution de ce dernier) à s'engager lui-même dans une véritable relation d'aide psychologique ou psychothérapie qu'on ne peut ainsi qualifier que s'il y a de la part du client une demande explicite de modification au niveau de sa personnalité.

Lors de la mise au point et des demandes initiales à

l'égard du conjoint non demandeur ou des premières réactions de celui-ci à l'évolution de son partenaire, il faut avoir à l'esprit que les acceptations de prise en charge peuvent camoufler une demande revendicative et compétitive à l'égard du partenaire par rapport à l'aide psychologique dont ce dernier bénéficie et dont ils hypertrophient magiquement la valeur. Si ce problème n'a pas été pris en considération, la prise en charge comporte une erreur : celle d'entrer dans la relation complémentaire d'un client, à savoir ici la compétition. Le transfert à un autre psychothérapeute ou conseiller s'impose dans ce cas.

Quand la revendication est plus affective que compétitive, quelques entretiens de soutien avec resituation de la problématique de la psychothérapie ou de la relation d'aide psychologique suffisent parfois mais il faudra, le plus souvent, s'engager par après dans une relation d'aide psychologique plus dense, lorsque sera reconnue par le client son implication dans les problèmes. Un élément nous paraît important à signaler ici : la prise en charge psychologique des deux partenaires du couple accroît leur activité fantasmatique, les aspects mal actualisés dans leur conjugalité réelle (ce qui touche aux pulsions partielles par exemple) passant alors dans l'imaginaire où ils conquièrent une valeur affective.

D'après ce qui vient d'être exposé, il semble en général indispensable qu'une relation d'aide psychologique ou psychothérapie intensives pour problèmes personnels ou conjugaux se déroulent avec la participation des deux partenaires.

Insistons encore sur le fait que, dans beaucoup de cas de dysfonctionnement conjugal chronique, offrir à un seul partenaire une aide psychologique dense, privilégiée, est susceptible de le faire évoluer nettement en maturité psychologique et risque d'introduire dans une relation déjà précaire au moment de la consultation d'un des deux partenaires un déséquilibre profond, bien plus grave que celui qui existait au départ. Qui plus est, même en prenant en charge les deux partenaires, le risque de déséquilibre ne disparaît pas : il est le plus souvent atténué. Rares sont les couples dont les deux conjoints pris en charge voient leur relation s'adapter parfaitement au fur et à mesure à l'évolution de chacun. Généralement, à un moment ou l'autre de la relation d'aide psychologique ou de la psychothérapie, le couple se trouve dans un état de déséquilibre plus grave que celui qu'il présentait au départ, mais moindre cependant généralement que si un seul conjoint bénéficie des entretiens. En psychothérapie (ou relation de conseil) simultanée individuelle, il arrive donc fréquemment qu'un partenaire évolue en maturation plus vite que l'autre; le déséquilibre ainsi créé est perçu comme menaçant par les partenaires; des réactions peuvent se présenter, dont le but est de retrouver un certain équilibre : le partenaire dont l'évolution a été plus rapide peut stagner, permettant ainsi à l'autre de le rattraper, alors que le conjoint en retard d'évolution pourra présenter les symptômes dont nous avons parlé à propos des ruptures d'équilibre dans un couple dont un seul partenaire profite d'une évolution « maturative ». Il existe donc un rôle difficile et délicat pour le psychothérapeute ou le conseiller quand ils ont affaire à une demande conjugale émanant d'un couple authentique, à savoir décider avec les partenaires jusqu'où ils doivent aller pour que chacun bénéficie au maximum de la psychothérapie ou de la relation d'aide psychologique. Remarquons ici que dans une évolution de maturation plus ou moins parallèle, il convient souvent de ne pas toucher à certains éléments névrotiques résiduels dont l'aspect complémentaire maintient le couple. La comparaison du testing psychologique des deux partenaires est précieuse pour apprécier les désavantages des éléments névrotiques individuels et les bénéfices sur le plan de la complémentarité névrotique, donc pour aider le psychothérapeute ou le conseiller à synchroniser les entretiens quand la demande conjugale est authentique et explicite; bien entendu, si l'un des clients décide d'aller plus loin dans ses prises de conscience, il doit être averti explicitement des risques qu'il fait encourir à son couple et son partenaire doit l'être également.

Si les deux conjoints sont pris en psychothérapie ou relation d'aide psychologique, chacun bénéficie non seulement de sa propre relation d'aide psychologique (ou psychothérapie) personnelle au psychothérapeute ou au conseiller, mais aussi de ce que son partenaire obtient sur le plan de sa relation de conseil (ou psychothérapie) propre; ainsi, chaque conjoint représente pour l'autre un véritable psychothérapeute (ou conseiller) induit. Il est donc clair que l'indication de la prise en charge même des deux partenaires doit être soigneusement pesée; laconiquement, la question est toujours la suivante : le couple sera-t-il capable de supporter la catalyse du dévoilement de sa réalité?

## B. Analyse critique des différentes structures d'aide psychologique en matière conjugale et familiale

D'un point de vue chronologique, l'aide psychologique au couple en difficulté chronique fut d'abord apportée à un seul partenaire, soit le demandeur, soit celui qui paraissait le plus perturbé sur le plan mental. Par après, quand on se rendit compte que des réactions et affects négatifs se produisaient souvent chez le conjoint du partenaire pris en charge, l'englobement des deux membres du couple commença à être envisagé; au début de cette seconde phase, chaque conjoint était pris en charge par un conseiller (ou un psychothérapeute) qui lui était propre et qui ne communiquait pas avec celui de son partenaire; ensuite, se pratiqua l'approche « stéréoscopique » caractérisée par le fait que les deux psychothérapeutes ou conseillers communiquaient entre eux au sujet de la psychologie de leurs clients respectifs; enfin, lorsque certains psychothérapeutes ou conseillers firent éclater le dogme selon lequel on ne pouvait en psychothérapie ou en relation d'aide psychologique s'occuper que d'un seul membre d'un groupe humain naturel, les prises en charge des deux partenaires du couple ou celles de la famille par une même personne virent le jour. Bien entendu, l'apparition d'un nouveau mode d'approche n'a pas été de pair avec l'abandon des modalités déjà existantes, si bien qu'à l'heure actuelle, on dispose d'un éventail assez large de structures d'aide psychologique en matière familiale et conjugale. Ce furent surtout les approches triadiques, de groupe de couples et familiales (un seul psychothérapeute ou conseiller pour les deux conjoints) qui modifièrent le plus la dynamique des relations d'aide psychologique ou psychothérapies conjugales en ajoutant à la dimension intrapsychique qu'auparavant elles contenaient surtout, l'aspect interpersonnel qui leur était plus étranger.

Passons à la description et l'analyse critique de ces différentes approches.

### I. AUCUN DES PARTENAIRES DU COUPLE NE BÉNÉFICIE D'UNE PSYCHOTHÉRAPIE OU D'UNE RELATION D'AIDE PSYCHOLOGIQUE INTENSIVES

a) Il faut éviter toute relation de conseil (ou psychothérapie) intensive chez un conjoint dont le partenaire ne peut, pour des raisons pratiques, être averti, préparé ou pris en charge psychologiquement : il serait anéthique d'exposer ce partenaire à des dangers ou inconvénients plus ou moins importants sans que la possibilité lui ait été donnée d'essayer de les atténuer.

b) Il ne faut pas non plus procurer une aide psychologique à des conjoints dont les affinités, névrotiques ou non, sont très complémentaires et dont le problème présenté en consultation conjugale est, soit superficiel, c'est-à-dire ne mettant pas foncièrement en cause l'équilibre de la relation, soit très aigu, une sorte d'éclair dans une conjugalité sereine.

c) Il est enfin des « enclenchements » conjugaux tels qu'ils ne se modifieront pas, même par une aide psychologique intensive; c'est le cas notamment pour des couples profondément sado-masochistes et de déprimés dont l'évolution a lieu « à bascule », chaque partenaire dans ce dernier cas offrant à tour de rôle à l'autre la souffrance dont celui-ci a besoin.

### 2. UN SEUL PARTENAIRE D'UN COUPLE CHRONIQUEMENT DYSFONCTIONNEL ENTRE EN PSYCHOTHÉRAPIE OU RELATION D'AIDE PSYCHOLOGIQUE

a) Il est permis de prendre en charge, mais de façon peu intensive, un partenaire dont la demande reste très symptomatique ou superficielle, c'est-à-dire ne contenant pas d'appel confus ou précis de changement au niveau de la personnalité. La prise en charge peut être de longue durée, mais les entretiens doivent être assez espacés.

b) Une indication particulière de cette prise en charge unilatérale, mais cette fois intensive, est fournie par les couples dont un des partenaires de structure plus ou moins pathologique sur le plan psychique a choisi à l'encontre de ses propres affinités un conjoint plus ou moins normal; il s'agit, dans ce cas, d'un mauvais choix; la crise et les conflits s'installent d'emblée. Seul le partenaire pathologique doit bénéficier d'une psychothérapie ou d'une relation d'aide psychologique; le conseiller ou le psychothérapeute espéreront ici une éventuelle modification des affinités de ce partenaire dans le sens d'une meilleure adaptation de celles-ci à celles du conjoint plus ou moins normal. La psychothérapie ou la relation d'aide psychologique du partenaire déséquilibré mettront sans doute en évidence les motivations qui ont présidé à son mauvais choix. Un cas très typique qui relève de cette indication est celui d'une femme castratrice avec revendication phallique qui choisit un conjoint normalement ou particulièrement viril, alors que, d'habitude, les personnes de ce genre s'orientent vers des hommes falots, sans envergure et peu puissants sur le plan sexuel.

Classiquement, il est affirmé que si les problèmes d'un partenaire sont purement intrapsychiques, l'englobement de l'autre n'est pas nécessaire. Nous avons vu dans le paragraphe précédent que cette option n'allait pas sans risques et inconvénients éventuels.

3. LA PRISE EN CHARGE PSYCHOLOGIQUE DES DEUX PARTENAIRES DU COUPLE

a) Celle-ci présente des avantages évidents.

— Les inconvénients et les dangers des prises en charge unilatérales (cfr ci-dessus) sont moindres.

— Le fait que chaque partenaire accepte de bénéficier d'une psychothérapie ou d'une relation de conseil revient pour lui à reconnaître implicitement ou explicitement que ce dont il se plaint est en partie le fruit de troubles dans l'interaction conjugale, chacun assumant sa part de responsabilité dans la recherche d'une éventuelle solution des difficultés. Il s'agit peut-être, chez les partenaires, de la première démarche significative qu'ils font « en couple ». Pour que cet avantage soit réel, il faut, bien entendu, que les deux conjoints soient authentiquement motivés pour une psychothérapie ou une relation d'aide psychologique ; à ce propos, il convient par exemple de savoir que certains partenaires acceptent une prise en charge psychologique essentiellement pour tenter de savoir ce dont l'autre parle au cours de ses entretiens individuels.

— Par un investissement véritable bilatéral, chaque partenaire est libéré de l'entière responsabilité des difficultés du couple, ce qui entraîne la plupart du temps une diminution sensible des sentiments de culpabilité avec, en général, pour résultat un besoin moindre d'incriminer l'autre ou d'adopter des attitudes défensives, et une meilleure capacité de se mettre à l'écoute de soi-même et de l'autre. Cet avantage n'existe évidemment pas quand un seul partenaire est pris en charge.

b) Cette participation des deux peut se réaliser dans différentes conditions :

— Le psychothérapeute ou le conseiller conjugaux, connaissant les dangers et inconvénients possibles d'une prise en charge psychologique unilatérale dans un couple, peuvent suggérer au client demandeur la participation de celui qui n'a pas consulté.

En consultation conjugale, il n'est pas rare qu'un seul conjoint se présente à l'insu de son partenaire ; cet aspect clandestin de la démarche a une valeur symptomatique qui doit être appréciée le plus justement possible. Dans ce cas, le conseiller ou le psychothérapeute doivent insister, s'ils prennent en charge ce partenaire (dans la mesure où il n'y a pas de contre-indications à toute prise en charge), pour que l'autre soit ou averti, ou préparé ou pris en charge (sauf s'il y a indication de prise en charge unilatérale), soit par par un autre conseiller ou psychothérapeute, soit par eux-mêmes (s'il n'y a pas de contre-indication aux approches triadiques, de groupe de couples ou familiales).

Le psychothérapeute ou le conseiller devront agir de même quand un partenaire est venu consulter pour des problèmes superficiels qui ne semblaient pas au début masquer des demandes implicites au niveau de la personnalité, celles-ci n'étant apparues qu'après des entretiens plus ou moins nombreux ; dans ces cas, il n'est pas impossible que des réactions et affects négatifs se soient déjà manifestés chez le conjoint, au moment où le psychothérapeute ou le conseiller envisagent l'englobement de ce dernier d'une quelconque façon.

— Dans quelques cas, rares il est vrai, les deux partenaires du couple cherchent spontanément de l'aide parce qu'ils pressentent, plus ou moins confusément ou plus ou moins clairement, qu'une prise en charge d'un seul d'entre eux est assez périlleuse sur le plan de leurs affinités réciproques et anticipent peut-être l'apparition d'une décompensation psychologique sur un mode dépressif.

— Parfois, les motivations se situent à un niveau nettement conscient, les deux conjoints, sans du tout pressentir les inconvénients et risques d'une prise en charge psychologique d'un seul d'entre eux, désirent fournir un effort commun parce que des raisons partagées d'ordre économique, religieux ou familial les empêchent d'envisager une séparation ou un divorce comme conséquences de leurs conflits conjugaux.

— Le client demandeur peut lui-même proposer à son partenaire de consulter.

c) La prise en charge psychologique des deux partenaires du couple peut se réaliser de différentes façons.

— Deux psychothérapeutes ou conseillers pourront s'occuper chacun d'un partenaire du couple,

soit sans jamais communiquer entre eux,

soit au contraire en ayant entre eux des entretiens au sujet de leurs clients respectifs.

Ces deux approches et la prise en charge d'un seul partenaire sont parfois appelées « approches dyadiques », parce que un partenaire (ou les deux) y bénéficie(nt) d'une relation privilégiée avec un psychothérapeute (ou conseiller) qui n'a pas de liens directs avec son (ou leur) conjoint.

— Un seul psychothérapeute (ou conseiller) s'occupe des deux partenaires. Dans ce cas :

a) il peut avoir des entretiens séparés avec chaque partenaire ;

b) il pourra prendre en charge les deux partenaires sur le mode conjoint, ces derniers étant présents à chaque session ;

c) il lui est également possible d'adopter une approche mixte : des entretiens conjoints ponctuant à une fréquence variable les entretiens individuels.

On peut regrouper ces trois premières modalités sous l'expression générique d' « approches triadiques ».

d) les deux partenaires peuvent faire partie d'un groupe de couples mis en psychothérapie ou relation d'aide psychologique ;

e) les deux partenaires pourront être pris en charge psychologique avec toute leur famille nucléaire, ce qui constituera alors une « approche familiale ».

Que deux psychothérapeutes ou conseillers s'occupent chacun d'un membre du couple est à l'heure actuelle assez courant en consultation conjugale. Par contre, la prise en charge des deux partenaires du couple par un même psycho-thérapeute ou conseiller soulève beaucoup de réticences dans nos pays tout au moins où la rigidité en matière de psycho-thérapie ou de relation d'aide psychologique est assez importante, quoiqu'une évolution dans le sens d'une adoption plus fréquente de cette modalité d'approche du couple en difficulté chronique se fasse de plus en plus nette.

Nous pouvons maintenant présenter les différentes façons selon lesquelles a lieu la prise en charge psychologique des deux partenaires d'un couple chroniquement dysfonctionnel.

A. *Deux psychothérapeutes ou conseillers différents et qui ne communiquent pas entre eux prennent chacun en charge un partenaire du couple*

Un certain nombre de conseillers ou de psychothérapeutes conjugaux estiment que si, dans le passé, chacun des parte-naires a déjà recherché une aide à titre personnel et en a réellement bénéficié, il faut proposer que deux psychothé-rapeutes ou conseillers différents s'occupent chacun d'un conjoint pour les problèmes actuels; il s'agirait là d'une question d'expérience qui dicte a priori la décision en matière du choix de la structure de la psychothérapie ou relation d'aide psychologique conjugales.

Beaucoup de psychothérapeutes ou de conseillers conju-gaux adoptent cette approche si les problèmes des deux partenaires du couple paraissent bien plus de nature intra-psychique qu'interpersonnelle conjugale, les difficultés entre conjoints semblant n'être dans ces cas qu'un épiphénomène.

L'orientation vers un psychothérapeute ou un conseiller différents est psychologiquement souhaitable pour chaque membre du couple quand un partenaire demande ou accepte une psychothérapie ou une relation d'aide psychologique alors que son conjoint, pris en charge depuis un certain temps pour des raisons superficielles ou symptomatiques, finit par présenter une évolution « maturative » qui suscite la demande ou l'acceptation du partenaire en question. Si le même psychothérapeute (ou conseiller) s'occupe aussi du second, la maturation du conjoint d'abord pris en charge risque d'être freinée ou arrêtée par les tentatives de disculpation personnelle et d'accusation de l'autre que manifestera sans doute le partenaire nouvellement pris en charge.

La relation d'aide psychologique ou la psychothérapie avec des psychothérapeutes ou conseillers différents est selon nous obligatoire lorsqu'un des deux partenaires a comme mécanisme de défense principal la projection (paranoïa sous ses différentes formes). Les approches triadiques, de groupe de couples ou familiales, seront vraisemblablement vite perturbées par les interprétations systématiques du partenaire à caractère paranoïaque. On pourra par contre adopter l'approche « en collaboration » ou « stéréoscopique », avec une certaine prudence toutefois.

Les contre-indications des prises en charge des deux partenaires du couple par un même psychothérapeute ou conseiller forment généralement des indications pour ce type d'approche.

B. *Deux psychothérapeutes ou conseillers différents prennent chacun en charge un partenaire du couple mais communiquent entre eux dans le but de faciliter et d'accélérer les modifications psychologiques éventuelles chez leurs clients (approche « en collaboration » ou « stéréoscopique »).*

Bien entendu, il ne faut pas adopter cette « technique » ni les approches où un seul psychotérapeute (ou conseiller) s'occupe des deux partenaires du couple, dans le but pur et simple d'entendre l'autre version; la psychothérapie (ou la relation d'aide psychologique) tendrait alors à s'infléchir dans le sens d'une appréciation sans plus de la vérité objective et historique, ce qui n'a pas de sens en soi dans ces activités. Cette méthode forme en fait un pont entre les approches dyadiques auxquelles elle appartient encore et les approches triadiques, de groupe de couples et familiales, puisque les psychothérapeutes et conseillers qui la pratiquent s'occupent indirectement du partenaire du conjoint qu'ils ont en charge par le truchement de son psychothérapeute ou conseiller. Cette approche « en collaboration » modifie déjà la dynamique (au niveau des réactions transférentielles notamment) de l'entretien psychothérapeutique ou de relation de conseil privilégié traditionnel; les modifications sont beaucoup moindres cependant que si un seul psychothérapeute (ou conseiller) prend en charge les deux membres du couple.

La distorsion de la réalité est un phénomène couramment observé chez le client en psychothérapie ou relation d'aide psychologique individuelles. Ces distorsions ne sont que difficilement discernables et après un temps plus ou moins long de prise en charge. Elles sont à mettre en rapport avec l'emploi de mécanismes de défense névrotiques élaborés sous la pression de certaines impulsions instinctuelles. Quand les deux psychothérapeutes ou conseillers de chaque partenaire du couple communiquent entre eux, les distorsions de la réalité par chacun des conjoints peuvent plus facilement, plus rapidement et plus nettement être devinées, ainsi que d'autres éléments, par exemple, l'interaction entre les partenaires, sur quoi se sont fondées leurs affinités réciproques, quand apparaissent chez eux les réactions transférentielles. Lorsque commença l'adoption de cette approche, on fut souvent étonné par l'importance des différences dans l'exposé, par les deux psychothérapeutes ou conseillers, d'événements vécus en commun par leurs clients, ce qui suscitait chez eux des doutes quant à leur perspicacité. L'analyse de ce phénomène montra que les psychothérapeutes et les conseillers ne prenaient pas une distance suffisante à l'égard des dires de leurs clients respectifs, ce qui les empêchait d'accéder à une compréhension plus parfaite de la réalité; en fait, ils ne contrôlaient pas assez leur propre contre-transfert; certains psychothérapeutes ou conseillers étaient assez humiliés quand il leur fallait reconnaître qu'ils avaient considéré comme réels des éléments remaniés par les fantasmes de leur client; un comportement punitif en retour, plus ou moins inconscient, à l'égard de celui-ci était alors possible.

Dans l'approche « en collaboration », la diminution généralement observée de la longueur de la psychothérapie ou relation d'aide psychologique est obtenue au prix de rencontres entre les psychothérapeutes ou les conseillers; il n'est donc pas impossible que, sur le plan du temps, ceux-ci investissent plus que dans une relation individuelle sans communication.

Afin de respecter la déontologie professionnelle, il faut obtenir l'accord des deux partenaires. Il y a en effet dans cette approche, transmission à une tierce personne de renseignements obtenus dans un contexte de secret professionnel. Certains partenaires demandent spontanément cette communication entre leurs psychothérapeutes ou conseillers. Il faut toutefois savoir que, chez certains clients, la présence d'une nouvelle relation, même demandée et acceptée consciemment, peut être péniblement assumée subconsciemment ou inconsciemment.

Il va de soi que cette approche réclame l'existence entre les deux psychothérapeutes ou conseillers d'une bonne relation psychologique. C'est dans les cas de relations fragiles entre les deux conseillers ou psychothérapeutes que le risque d'être manipulé par leurs clients respectifs est le plus important; il peut être tel qu'une rupture de la communication se produise entre ceux-là.

Dans cette approche, l'effort d'investissement psychologique réclamé des clients est, dans l'ensemble, moindre qu'en psychothérapie ou relation d'aide psychologique individuelles traditionnelles, ce qui, selon les points de vue, constitue soit un avantage, soit un inconvénient.

Les deux psychothérapeutes ou conseillers continuent en quelque sorte leur formation personnelle, grâce à l'analyse de l'interaction qu'ils ont entre eux et à leurs échanges verbaux au sujet de leurs clients respectifs.

Si une interaction dramatique se produit entre les partenaires, des interventions directives, nécessaires parfois en ces cas, peuvent ne pas être envisagées par un psychothérapeute ou un conseiller lorsqu'ils ignorent les répercussions graves du comportement de leur client sur son partenaire, mais lui être par contre suggérées par le psychothérapeute ou conseiller de ce dernier.

C. *Un même psychothérapeute ou conseiller s'occupe des deux partenaires du couple*

FREUD, S. était très réticent à propos des contacts entre un psychothérapeute et les membres de la famille de son client. Les psychanalystes orthodoxes le sont évidemment aussi.

L'objection principale vise les phénomènes transférentiels qui apparaissent dans tous les types de psychothérapie ou de relation d'aide psychologique, à condition qu'elles soient assez intensives et de longue durée. A un moment, des projections émanant du client se polarisent sur le psychothérapeute ou le conseiller; ces éléments projectifs sont souvent de même nature que ceux qui se sont axés sur le conjoint et sont généralement en rapport étroit avec l'Imago de ce client. Dans une psychothérapie ou relation d'aide psychologique individuelles, il existe donc chez le client une certaine confusion entre son partenaire, son psychothérapeute ou conseiller et son Imago. Si le psychothérapeute (ou le conseiller) a une relation connue de lui avec son partenaire, de ce fait, la « méprise » en question augmente la netteté des projections transférentielles, ce qui rend plus difficile la résolution du transfert, c'est-à-dire la distinction entre le vécu transférentiel et la réalité. En outre, l'accroissement des possibilités d'insight, en d'autres termes, de regard perspectif sur soi-même que le client acquiert en fin de psychothérapie (ou de relation d'aide psychologique) intensive par incorporation et intériorisation de son psychothérapeute ou de son conseiller, se produirait plus tardivement ou ne se produirait pas si le psychothérapeute et le conseiller s'occupent de son partenaire; le client, en effet, cesse alors difficilement ou ne cesse pas de réagir à son psychothérapeute ou conseiller comme à son Imago et s'enlise donc dans le vécu transférentiel.

Une objection plus accessoire concerne le fait que le psychothérapeute ou le conseiller en s'occupant du partenaire de leur client lui suggèrent qu'en intervenant eux-mêmes sur des éléments extérieurs (sans donc faire uniquement appel chez leur client à l'investigation psychologique), ils puissent éventuellement l'aider. Ces inconvénients réels sont, en général, largement contrebalancés par les avantages obtenus quand un même psychothérapeute (ou conseiller) prend en charge les deux partenaires.

Certains psychanalystes sont d'ailleurs assez sceptiques à l'égard des objections qui viennent d'être signalées; GROTJAHN, M. affirme par exemple qu'il est faux que des entretiens avec le conjoint du partenaire pris en psychothérapie représentent un handicap; il soutient aussi que même si le client primitivement pris en charge est très passif, dépendant, infantile et exigeant, la capacité existerait néanmoins chez lui de supporter les contacts entre son partenaire et son analyste, ce dernier devant, selon lui, avoir une certaine connaissance du partenaire de son client. GROTJAHN, M. écrit en outre que, selon son expérience, aucun patient n'est trop troublé psychologiquement pour ne pas tolérer une rencontre entre son psychanalyste et son partenaire, et que si, pour l'analyste, une telle rencontre ne peut avoir lieu, il est probable que cela reflète une résistance chez ce dernier.

La pratique des psychothérapies ou relations d'aide psychologique de couples fait émettre des réserves à l'égard de ces affirmations : il existe en effet des contre-indications aux prises en charge psychologique des deux membres du couple par un même conseiller ou psychothérapeute.

La prise en charge des deux partenaires par un même psychothérapeute ou conseiller peut être envisagée dans tous les cas de conflits conjugaux, sauf ceux où il est indiqué de ne pas intervenir du tout, de ne prendre en charge qu'un seul partenaire et où il est judicieux que les deux partenaires soient confiés à deux psychothérapeutes ou conseillers différents; il faut, bien entendu, qu'il n'y ait pas de contre-indications à la prise en charge des deux membres du couple par un même psychothérapeute ou conseiller; lorsque ces conditions sont réunies, on ne peut toutefois pas adopter indifféremment une quelconque modalité de ce mode d'approche.

Il existe des contre-indications à la prise en charge des deux partenaires du couple par le même psychothérapeute ou conseiller.

La première provient de l'incapacité ou de la difficulté chez un ou les deux partenaires de partager le même psychothérapeute ou conseiller,

— soit parce que la situation intrusive n'a pas été dépassée, les conjoints fonctionnant souvent dans ces cas sur un mode extrêmement compétitif,

— soit parce que l'enfance du ou des partenaires concernés a été caractérisée par d'importantes carences affectives.

Il faut aussi abandonner la prise en charge par un même psychothérapeute ou conseiller quand un (ou les deux) partenaire(s) utilise(nt) manifestement la relation d'aide psychologique ou psychothérapie dans le but de manipuler son (ou leur) conjoint.

On peut également mentionner une contre-indication relative : elle n'existe en effet que si les possibilités de contrôle du conseiller ne sont pas suffisantes dans les cas où un partenaire lui a livré des informations qui ne sont pas connues de l'autre conjoint, par exemple des comportements homosexuels, une infidélité, etc...; il y a chez ce conseiller un certain risque de trahir, soit de façon directe, soit plus souvent de façon plus subtile, le secret qui lui a été confié. LEMAIRE, J.-G. estime qu'il y a ici une contre-indication plus que relative; selon lui, la détention de secrets risquerait d'entraver la liberté d'expression du psychothérapeute ou du conseiller.

Les inconvénients de la prise en charge psychologique des deux partenaires du couple par un même psychothérapeute ou conseiller ne doivent pas être méconnus :

— Les partenaires peuvent tenter d'assigner au psycho-thérapeute ou au conseiller le rôle d'un juge qui tranche « ex cathedra » après avoir apprécié la situation et, corollai-rement, certains conseillers mal préparés pourraient tomber dans ce piège. En relation d'aide psychologique individuelle privilégiée, il est plus facile, pour le conseiller, de s'abstenir d'évaluer et de cheminer avec son client tant sur le plan réel que fantasmatique.

— Il se peut que l'un des conjoints ou les deux interprètent les verbalisations du psychothérapeute ou du conseiller dans un sens qui leur est avantageux.

— La prise en charge des deux partenaires du couple par un même personne pose au psychothérapeute ou au conseiller des problèmes d'ordre déontologique : dans quelle mesure, par exemple, peuvent-ils utiliser le matériel apporté par l'un des partenaires lors de ses entretiens personnels, pour l'insérer dans le contenu d'une réponse-reflet destinée à l'autre? Le conseiller ou le psychothérapeute doivent ici affronter les exigences du secret professionnel dans ses aspects les plus insidieux. Cet inconvénient n'existe pas quand les partenaires sont toujours présents ensemble lors des entretiens.

— Le fonctionnement mental du psychothérapeute ou du conseiller est particulièrement important, parfois éprouvant, du fait qu'ils reçoivent les stimuli de deux personnes formant un groupe naturel et qui sont aux prises avec un problème commun.

Les avantages de la prise en charge des deux partenaires du couple par un même psychothérapeute ou conseiller sont importants.

— Le psychothérapeute ou le conseiller comprennent plus rapidement et plus profondément encore que dans l'approche « en collaboration » la dynamique relationnelle des deux partenaires du couple, leurs patterns d'interaction, les forces destructives qui minent ce dernier, les projections que les partenaires ont effectuées l'un sur l'autre, les attentes et les buts non réalistes dans le couple, etc... Par la prise en charge des deux partenaires, le psychothérapeute ou le conseiller acquièrent une perspective multidimensionnelle de la relation conjugale et leur compréhension du dysfonctionnement du couple est plus précise; leurs interventions seront en conséquence plus adéquates.

— Quand un même psychothérapeute (ou conseiller) s'occupe des deux partenaires du couple, il y a une mobilisation plus importante de matériel psychologique significatif, en particulier celui en rapport avec la situation intrusive et œdipienne; c'est la triangulation réelle de la structure de l'aide psychologique qui procure cet avantage. Les projections transférentielles sont plus claires dans ce type d'approche.

— Chez un client, le fait de savoir que son conjoint et lui-même ont le même psychothérapeute ou conseiller permet un accrochage plus net à la réalité, plus de pondération dans la présentation des divers éléments. Pour que cet avantage soit réellement obtenu, les deux partenaires ne doivent pas discuter entre eux de leurs entretiens respectifs avec le psychothérapeute ou le conseiller; cet avantage n'existe que dans l'approche simultanée séparée ou dans l'approche mixte.

Envisageons maintenant les différentes modalités de la prise en charge des deux partenaires du couple par un même psychothérapeute ou conseiller.

A. *Un même conseiller ou psychothérapeute s'occupe séparément des deux partenaires dans la même période de temps.*

Les approches séparées des partenaires ont d'abord existé sur un mode successif, un conjoint entrant en psychothérapie ou en relation d'aide psychologique quand l'autre n'y était plus. On peut, dans certains cas où les problèmes débordent le couple, pratiquer une approche simultanée séparée de tous les membres d'une famille nucléaire; l'approche familiale pourra aussi être envisagée dans ces cas. Un inconvénient possible de cette modalité d'approche des deux partenaires par un même psychothérapeute ou conseiller réside dans la tentation assez forte de minimiser leur englobement dans le conflit conjugal ou de s'affirmer plus équilibré que l'autre, car ce dernier n'a pas l'occasion de réagir à ces éventuelles attitudes. Cet inconvénient est plus net encore dans les approches dyadiques.

L'approche séparée et simultanée des deux partenaires du couple a des indications propres :

— les interventions initiales quand des problèmes se posent dans un couple ; il y a, en effet, des contre-indications aux approches conjointes, de groupe de couples et familiales et des indications des approches précédemment décrites ; les entretiens initiaux séparés et simultanés auront entre autres pour but de discerner ces indications et contre-indications.

Évidemment, en indiquant systématiquement ce genre d'entretiens au départ de toute intervention psychologique sur le couple, on se frustre de la présentation spontanée (et souvent révélatrice) du conflit par les deux partenaires du couple. L'alternative est en fait la suivante :

— ou risquer de s'engager d'emblée dans un entretien conjoint qui n'était pas indiqué

— ou perdre les éléments révélateurs d'une demande conjugale présentée spontanément et souvent de façon différente par les deux partenaires.

Nous préférons ne pas risquer l'entretien conjoint d'emblée, les contre-indications de ce dernier nous paraissent trop importantes.

— les contre-indications des approches conjointes, de groupe de couples et familiales sans indication obligatoire d'approche dyadique ;

— les problèmes sérieux qui se posent parfois au cours des approches conjointes, de groupe de couples ou familiales, même quand elles ont été correctement indiquées ;

— la prédominance chez les deux partenaires de troubles intrapsychiques réclamant une attention plus particulière du psychothérapeute ou du conseiller, le dysfonctionnement dans l'interaction conjugale se situant à l'arrière-plan du tableau. Les partenaires pourraient aussi dans ces cas être chacun en rapport avec un psychothérapeute (ou un conseiller) qui lui est propre ;

— des symptômes psychopathologiques graves chez un partenaire, sauf ceux relevant de la paranoïa. La prise en charge du partenaire « sain » se justifie, fut-ce seulement dans le but d'un simple soutien ou pour l'aider à adopter des attitudes plus adéquates à l'égard de son partenaire. Il est évident qu'un conseiller conjugal ne pourra pas s'occuper de ce genre de couple ;

— la préparation du conjoint non demandeur à la psycho-thérapie (ou relation d'aide psychologique) intensive et de longue durée, pour raisons conjugales ou non de son parte-naire. Il a été signalé plus haut pourquoi cette précaution était nécessaire. Si cette préparation n'a pas été réalisée dès le début de la prise en charge psychologique d'un seul partenaire du couple, il sera souvent nécessaire de l'effectuer au cours de cette dernière pour permettre au partenaire non demandeur de s'adapter, lorsque se produisent chez lui des réactions et affects négatifs suite à la maturation de son conjoint, parfois d'accepter pour lui-même une relation d'aide psychologique après avoir reconnu son implication dans le dysfonctionnement psychologique de son partenaire.

**B.** *Les deux partenaires sont pris ensemble en charge lors d'entretiens conjoints par le même psychothérapeute ou conseiller*

Cette approche, ainsi que l'approche familiale et de groupe de couples sont couramment adoptées aux États-Unis. En Europe, peu de psychothérapeutes ou de conseillers emploient l'approche conjointe sous sa forme pure, où la psychothérapie (ou relation d'aide psychologique) est constituée uniquement par des sessions où les deux partenaires sont présents. Dans nos pays, l'individualisme reste très important et les clients admettent difficilement de livrer des éléments personnels devant des tiers, même s'ils sont aussi significatifs que leur propre conjoint. De plus, les consultants ont tendance à assimiler facilement les sessions conjointes, familiales et de groupe de couples à des séances de tribunal, d'évaluation de leurs problèmes sur le plan des responsabilités.

En psychothérapie ou relation d'aide psychologique conjointes, il va de soi que c'est surtout la relation conjugale actuelle et le dysfonctionnement dans l'interaction qui feront l'objet de l'investigation, le passé de chaque partenaire étant relativement laissé de côté.

L'approche conjointe est particulièrement adaptée aux relations d'aide psychologique ou psychothérapies existentielles.

Les psychothérapies ou relations d'aide conjointes, familiales et de groupe de couples s'adressent à des groupes déjà constitués, que cimentent des liens hautement significatifs, et qui diffèrent des groupes psychothérapeutiques ou de relation d'aide psychologique traditionnels dont les caractéristiques sont inverses de celles des groupes naturels.

Il est souhaitable qu'avant le premier entretien conjoint le conseiller ou le psychothérapeute aient acquis quelque compréhension des problèmes du couple, des conflits intrapsychiques éventuels des partenaires, de leur personnalité, de leurs patterns d'interaction généraux et conjugaux, des attentes de chacun au sujet de son couple, de leur attitude vis-à-vis de la conjugalité en général; ces connaissances procureront au psychothérapeute ou au conseiller l'assurance nécessaire pour bien mener un entretien conjoint. Il est par ailleurs utile que les deux partenaires aient établi des relations relativement stables et positives avec le conseiller ou le psychothérapeute avant le début des sessions conjointes.

En sessions conjointes, il convient, dans toute la mesure du possible, d'accorder la même attention en qualité et en temps à chaque partenaire. Le psychothérapeute ou le conseiller se placeront si possible à égale distance de chacun des conjoints dans le but de symboliser spatialement que pour eux chaque partenaire est mis sur pied d'égalité.

Il faut veiller à ce que les productions verbales ou autres dans le couple n'aient pas lieu de façon unilatérale, ce qui entraîne automatiquement chez le conjoint qui ne se révèle pas une absence de mise en question, et provoque parfois le surgissement d'une agressivité importante de celui-ci à l'égard du partenaire producteur.

Il se peut que l'entretien conjoint soit indiqué chez des partenaires qui ont chacun leur propre psychothérapeute ou conseiller. Comme il serait arbitraire de désigner une de ces personnes pour mener l'entretien conjoint, il est judicieux de recourir dans ces cas à un troisième psychothérapeute ou conseiller. Lorsque l'entretien conjoint forme la modalité exclusive de l'approche du couple, en règle générale la fréquence des sessions est moindre que dans l'approche individuelle et, par ailleurs, la durée d'une séance doit généralement être plus longue que celle de l'entretien personnel. Cette approche peut être pratiquée, soit par un seul psychothérapeute ou conseiller ou par deux, un homme et une femme formant alors ensemble une source possible d'identification pour le couple consultant. Rappelons que, selon nous, la demande de psychothérapie ou de relation d'aide psychologique conjointes, familiales ou de groupe de couples doit émaner des partenaires, le psychothérapeute ou le conseiller ayant à s'assurer par des entretiens simultanés séparés initiaux qu'il n'y a pas de contre-indication à l'entretien conjoint.

Dans ce qui va suivre, il sera discuté des sessions conjointes, que celles-ci représentent la seule modalité adoptée tout au long de la psychothérapie ou de la relation d'aide psychologique ou qu'elles n'en soient qu'un des éléments.

\* \* \*

Certaines conditions sont nécessaires pour qu'une relation d'aide psychologique ou une psychothérapie conjointes soient possibles, voire même pour que l'on puisse envisager au cours de psychothérapies ou relations de conseil simultanées séparées qu'aient lieu des sessions conjointes (approche mixte). Quand ces conditions ne sont pas présentes, l'entretien conjoint est généralement contre-indiqué et il faudra envisager l'indication d'une des approches précédemment décrites.

La condition principale est que soit perçue chez les deux partenaires une volonté d'améliorer par des efforts communs leur relation conjugale. Cette condition suppose que le couple ait encore un certain degré d'authenticité. L'entretien conjoint n'est donc pas indiqué s'il y a simple coexistence de deux individus sans liens psychologiques entre eux, comme dans les conjugalités où existe un vice génétique (cfr ci-dessus, classification d'ACKERMAN, N.W.) sans relation amoureuse réelle, ou bien chez des partenaires, généralement âgés, qui restent ensemble depuis de nombreuses années pour des raisons sociales, matérielles, voire par habitude; dans tous ces cas, la contre-indication est le fait d'une motivation insuffisante; toutefois, pour certains d'entre eux, l'entretien conjoint peut être pris en considération quand la demande concerne non la relation conjugale mais des problèmes communs non conjugaux (avec les enfants, par exemple). Pour que des sessions conjointes puissent être envisagées, il n'est pas du tout nécessaire que le conflit soit assumé bilatéralement de façon symétrique; il suffit en pratique que chaque partenaire reconnaisse un certain degré d'investissement dans les problèmes; en théorie, ceci devrait être souvent réalisable, étant donné que, pratiquement, toutes les situations « conflictuelles » conjugales sont le produit d'un feedback « interactif » entre un émetteur et un récepteur, les deux partenaires; une dissymétrie extrêmement importante entre les investissements de chaque partenaire dans les problèmes ne constitue donc pas, en soi, une contre-indication de l'entretien conjoint.

Il nous faut insister (comme le fait aussi LEMAIRE, J.-G.) sur le fait qu'il convient de ne pas oublier que la demande conjointe de départ peut ne pas être authentique chez un des partenaires. Il est possible, par exemple, qu'un des conjoints se présente sans engagement véritable, alors que l'autre formule une demande réelle d'ordre conjugal; ceci va souvent de pair avec un désaccord entre les partenaires au sujet de la demande elle-même; dans ces cas, plusieurs entretiens séparés simultanés pourront avoir pour résultat une formulation conjointe authentique de la demande, symétrique ou non. Le fonctionnement même du couple (parent-enfant, dominant-dominé, castrant-castré, etc...) peut être la raison d'une demande conjointe inauthentique; la personne « en surplomb » présente la demande apparemment conjointe tandis que le partenaire « infériorisé » (enfant, dominé, castré, etc...) formule une demande identique mais dont on ignore le degré de spontanéité; ici aussi, des entretiens séparés simultanés seront nécessaires pour que le conseiller ou le psychothérapeute puissent s'assurer que la demande est véritablement conjointe; il faut savoir que l'articulation névrotique des partenaires peut être telle qu'il soit impossible d'affirmer l'existence d'une demande conjointe; il convient surtout de ne pas négliger la tentative d'établissement d'une demande conjointe en laissant éventuellement le partenaire inférorisé assister simplement dans un cadre conjoint à l'éventuelle évolution psychologique de l'autre, même si le couple ou lui-même en tirent l'un ou l'autre avantage (évidemment, la loi du moindre mal jouant, mieux vaut encore ceci qu'une relation de conseil individuelle de ce partenaire qui résisterait dès le départ en ne présentant aucune demande réelle). Dans d'autres cas, la décision est plus facile à prendre, notamment quand un des deux partenaires nie simplement et ouvertement son implication dans les difficultés, évoquant sa pitié à l'égard de l'autre, la coercition ou le chantage de la part de ce dernier. Ces cas sont a priori de mauvais pronostic. Selon notre expérience, il ne faut pas prendre en charge ces partenaires, ni sur le mode conjoint, ni sur le mode séparé simultané; il convient de ne s'occuper au départ que du conjoint demandeur et d'avertir le partenaire qui nie son englobement dans le conflit des dangers ou inconvénients qui peuvent se présenter chez lui; on espérera que leur éventuelle survenue le rende également demandeur. Une importante différence entre les demandes des partenaires constitue toutefois une difficulté en approche conjointe; si cette différence se maintient après clarification des demandes, le conjoint qui a le plus besoin d'aide doit recevoir du psychothérapeute ou du conseiller une attention sérieuse mais allant de pair avec une écoute suffisante de l'autre, pour que celui-ci ne mette pas fin à la psychothérapie ou la relation d'aide psychologique conjointes. L'attention à la personne dont la demande est la moins importante doit être accordée avec d'autant plus de nuances et de souplesse que son partenaire risquerait facilement d'interpréter la situation comme une connivence entre son conjoint et le psychothérapeute ou conseiller, surtout si cette personne est un partenaire moyennement inférorisé.

Le conseiller doit être relativement directif en session conjointe; il lui faudra parfois arrêter les thèmes sur lesquels se fixer quand il y a utilisation successive de ceux-ci par un partenaire pour accabler l'autre. Il convient d'autre part d'éviter que l'entretien conjoint ne dégénère en manifestations incontrôlées et intolérables d'agressivité; souvent, les partenaires maîtrisent assez bien leurs pulsions agressives en session conjointe mais tel n'est pas toujours le cas; une session conjointe où les manifestations d'hostilité chez un conjoint ont été trop importantes et ce, devant un tiers représentatif, tel un conseiller ou un psychothérapeute, peut être l'amorce d'un processus de désagrégation conjugale pouvant conduire à la rupture psychologique; des sentiments de rancœur et d'agressivité peuvent facilement être exprimés en session conjointe mais, en général, la présence du psychothérapeute ou du conseiller les atténuent et les rend par ailleurs exploitables.

Les deux partenaires doivent accepter le fait qu'ils sont exposés à livrer à l'autre des éléments personnels qui n'ont jamais été exprimés.

Dans cette perspective, il faut savoir que des éléments très confidentiels qu'un partenaire ne veut pas verbaliser devant l'autre risquent malgré tout d'être devinés par ce dernier. Toutefois, dans le cadre d'une psychothérapie ou d'une relation de conseil, le retentissement psychologique d'une révélation qui, si elle avait eu lieu dans le domaine privé de la conjugalité, aurait sans doute suscité des réactions et des affects dramatiques, est en général tolérable, tout en constituant néanmoins un obstacle relatif et délicat à franchir. Par ailleurs, il convient d'être lucide à propos des données qu'un partenaire estime strictement personnelles : beaucoup parmi ces éléments sont connus, à un niveau plus ou moins élaboré, par les membres du couple et de la famille, mais entourés d'une conspiration silencieuse du groupe dont certains membres trouvent souvent dans ces facteurs des satisfactions régressives.

Les partenaires ne doivent pas avoir ou une estime d'eux-mêmes trop basse ou une anxiété trop importante. Du fait que le recours au silence est assez difficile en session conjointe, les communications verbales y sont généralement plus fréquentes que dans l'entretien individuel; ceci pourra paralyser les personnes trop anxieuses ou qui ont d'elles-mêmes une estime trop faible.

Quelles sont les contre-indications de l'entretien conjoint?

— Le fait, perçu par le psychothérapeute ou le conseiller, que l'entretien conjoint constitue pour l'un des partenaires ou les deux un moyen d'éviter l'investigation de facteurs personnels. Le passage à l'approche simultanée s'impose dans ce cas.

— L'existence chez l'un des partenaires d'un état dépressif profond d'allure mélancolique. Le risque est grand que les productions, en sessions conjointes, du partenaire « sain » soient employées par le mélancolique pour se dévaloriser davantage, fait qui aggrave le risque de suicide. Ce problème se pose rarement puisqu'une personne mélancolique doit généralement être hospitalisée en milieu psychiatrique. Un conseiller ne peut évidemment pas s'occuper de couples de ce genre.

— Une réaction transférentielle très intense et positive d'un seul des partenaires. L'ambiance de la session conjointe peut être alors « infiltrée » d'une gêne plus ou moins importante. Cette contre-indication est rare pour deux raisons :

— d'une part, le groupe diminue généralement l'intensité des réactions transférentielles,

— d'autre part, la psychothérapie ou relation de conseil centrées sur le client, adoptées la plupart du temps en relation conjugale, ne suscitent pas systématiquement l'apparition des éléments transférentiels.

— Une démarche d'un partenaire allant dans un sens opposé à celle de l'autre. Cette situation se présente quand un conjoint demande l'aide d'un psychothérapeute ou d'un conseiller conjugal, tandis que l'autre consulte un avocat dans le but d'obtenir une séparation ou un divorce. Dans ce cas toutefois, il peut parfois s'avérer judicieux de recourir à des sessions conjointes pour aménager positivement la période de vie commune que les partenaires auront encore à passer ensemble ; des séances seront particulièrement utiles si un ou plusieurs enfants risquent d'être victimes des ultimes tensions entre les « partenaires » ou si la séparation ou le divorce vont, pour ceux-ci, de pair avec le maintien de certaines relations sur un plan autre que conjugal, professionnel par exemple.

— Des possibilités de prises de conscience et de maturation très différentes chez les conjoints.

— Des différences trop importantes dans le background des partenaires.

Dans ces deux derniers cas, la contre-indication tient aux limites qui apparaîtront tôt ou tard en sessions conjointes dans l'investigation de l'interaction communicatrice entre les partenaires.

* * *

En l'absence de contre-indications à la prise en charge des deux partenaires du couple par un même psychothérapeute ou conseiller et à l'entretien conjoint, quand y a-t-il indication plus particulière de sessions conjointes ? La plupart de ces indications restent valables pour des approches de groupe de couples et familiales. Il en est de même pour les avantages, les désavantages et les objections.

L'indication la plus importante réside dans les troubles de la communication verbale ou autre à un quelconque niveau entre les partenaires du couple. Les sessions conjointes auront entre autres pour but d'améliorer cette dernière. Les psychothérapeutes ou conseillers conjugaux qui accordent plus d'attention au groupe-couple qu'aux personnes polarisent souvent leur intervention sur l'interaction communicatrice des deux partenaires actuels, même si des troubles intrapsychiques importants existent chez l'un des partenaires ou les deux. Parfois, une communication mauvaise sert de mécanisme de défense contre la production, pressentie comme pénible, d'éléments agressifs; en ce cas, il ne faut pas se contenter de la seule amélioration dans la communication mais on tâchera aussi d'en arriver à l'exploitation cathartique et thérapeutique de l'agressivité latente; il conviendra de veiller ici à ce que l'expression de l'agressivité d'un partenaire ne devienne pas intolérable pour l'autre. Lorsque le conseiller a indiqué des sessions conjointes dans le but d'améliorer la communication entre les partenaires du couple, il lui faut éviter de forcer l'un des deux partenaires ou les deux à verbaliser des éléments qu'il a l'intention de garder pour lui (il est possible de le faire par des réponses-reflets trop fréquentes du type « élucidation »); une conception niaise du couple fonctionnel idéal comme étant celui où les partenaires n'ont plus le moindre jardin secret, réservoir d'éléments interdits, voire de tabous sur lesquels se sont en partie bâties leur personnalité, serait propice à faciliter cette « coercition ». Dans les sessions conjointes où le psychothérapeute ou le conseiller se centrent surtout sur la communication, le phénomène d'abréaction et l'apaisement psychique qui s'ensuit apparaissent assez fréquemment; lorsqu'un phénomène cathartique est apparu chez un partenaire, le comportement verbal du psychothérapeute ou du conseiller doit viser à provoquer une réaction de ce type chez l'autre. Ces abréactions sont caractérisées en session conjointe par la plus grande précision de la cause qui les produit et par l'aspect plus total de la décharge; dans la vie courante du couple, elles seraient moins complètes parce que contaminées par des facteurs agressifs et plus informelles parce que plus extensives dans leur étiologie. Dans cette perspective de l'analyse de l'interaction communicatrice et de ses distorsions, le psychothérapeute ou le conseiller auront à apprécier par exemple, si l'un des deux partenaires monopolise davantage le discours, qui est le plus prompt à intervenir, si un des partenaires remplace l'autre dans des verbalisations qui devraient normalement être exprimées par ce dernier, le degré de compréhension par chaque partenaire de ce que l'autre a émis, si les partenaires emploient l'autre à leur avantage et dans l'affirmative, s'ils le font avec contrainte ou pas, les réactions ou affects suscités chez les conjoints par un message mal émis ou mal compris par eux, quelles sont les différences spécifiques entre la relation conjugale des partenaires et les autres types de relation qu'ils ont chacun, comment ont évolué dans le temps ces dissemblances, la distance qu'ils établissent entre eux et le psychothérapeute ou le conseiller, comment chacun voit le dysfonctionnement conjugal, comment chacun s'estime-t-il lui-même, etc...

Quand l'un des partenaires refuse une relation d'aide psychologique (ou psychothérapie) individuelle, voyant dans celle-ci la reconnaissance d'une trop grande implication personnelle dans les problèmes, des entretiens conjoints sont parfois acceptés et peuvent servir de tremplin pour une relation de conseil (ou une psychothérapie) personnelle refusée au départ. Un cas typique de cette indication est celui des couples moyennement ou peu compétitifs quand la mise en question d'un partenaire par l'autre n'est pas trop forte, ni exprimée de façon trop agressive.

Lorsque en psychothérapie ou relation de conseil individuelles séparées survient un blocage insurmontable suite à l'apparition de réactions transférentielles trop intenses et d'éléments sexuels et agressifs, menaçants au point d'être intolérables, il y a alors intérêt à placer les partenaires en situation de groupe (en l'occurrence ici le groupe-couple) puisque dans cette situation, les réactions et affects en question sont dilués et donc de moindre intensité.

Si, dans les entretiens séparés, on observe chez un partenaire une absence totale d'engagement affectif, par utilisation obsessionnelle de la rationalisation et de l'intellectualisation, la participation de ce partenaire à des sessions conjointes est susceptible de le faire changer d'attitude; son inertie affective provoquera sans doute chez l'autre des réactions qui parviendront à l'ébranler.

Il est judicieux de réserver des sessions conjointes quand, au départ, la démarche concernant les problèmes du couple est commune.

Des sessions conjointes seront utiles quand un des partenaires ou les deux ne parviennent pas à prendre conscience dans des entretiens individuels de certains segments de leur interaction réciproque. L'accession à ces prises de conscience sera facilitée quand le psychothérapeute ou le conseiller tenteront de mettre en évidence par leurs reflets l'interaction vécue « in situ » dans l'entretien conjoint.

Une autre indication relève du fait que, dans le passé, les couples ont déjà résolu, grâce à une psychothérapie (ou une relation d'aide psychologique) conjointe, des difficultés conjugales; il n'est pas inopportun en ces cas d'adopter ce mode d'approche; il s'agit, ici encore, d'une indication dictée par l'expérience.

Certains psychothérapeutes ou conseillers estiment qu'il

faut au moins une session conjointe à la fin d'une psychothérapie (ou d'une relation d'aide psychologique) conjugale
qui a été bénéfique pour le couple actuel. Elle aura pour but
de dresser un bilan et de faire une mise au point.

Il existe des indications inhérentes au type de difficultés
présentées au départ; c'est le cas lorsque celles-ci sont objec-
tivement communes et donc à assumer de façon concertée
par les deux partenaires; dans ce contexte rentrent les
problèmes psychologiques posés par la stérilité ou la présence d'un enfant gravement handicapé sur le plan physique
ou mental.

Il faudra parfois adopter l'entretien conjoint dans le but
d'améliorer personnellement un des partenaires quand des
éléments névrotiques forment un barrage électif et investi
par l'autre à leur communication. Le partenaire le plus
troublé effectivement sur le plan psychologique est souvent
dans ce cas celui dont les éléments névrotiques sont les
moins apparents : certaines personnes présentant de graves
troubles mentaux projettent dans leur conjugalité leurs
éléments psychopathologiques au point de paraître relativement sains dans leurs autres relations tandis que leur partenaire supporte le poids à la fois de ses propres mécanismes
névrotiques (moins graves que ceux de son conjoint) et de
ceux projetés dans la relation conjugale par ce dernier, au
point d'apparaître l'élément le plus perturbé dans le couple;
on comprend aisément combien il est difficile de définir dans
ce cas les facteurs causaux des problèmes conjugaux, les
apparences étant ici extrêmement trompeuses. Au départ,
seules des sessions conjointes sont possibles : le partenaire
qui a réussi à projeter sa névrose dans la relation conjugale
ne verra pas l'utilité d'une approche individuelle séparée. Il
est en outre pratiquement certain qu'il essaiera avec vigueur
de résister à l'amélioration de son conjoint dont la névrose
lui est indispensable pour donner aux autres son apparence

de normalité. Le psychothérapeute ou le conseiller auront ici beaucoup de difficultés à accorder une égale attention à chaque conjoint. Ils seraient même souvent tentés de s'allier provisoirement avec un des partenaires pour aider l'autre; souvent alors, ce dernier se ressentira négligé, estimera le psychothérapeute ou le conseiller, ou partial ou manquant d'intérêt à son égard, voire rejetant ou de connivence avec l'autre. C'est pourquoi nous estimons qu'il est strictement contre-indiqué d'utiliser un des partenaires comme allié, lui conférant un rôle de psychothérapeute ou de conseiller, en le faisant sortir de son statut de demandeur, même s'il y a alternance régulière de cette attitude à l'égard des partenaires.

Les avantages des sessions conjointes sont les suivants :

— Chaque partenaire a l'occasion de sortir de sa propre et unique investigation éventuelle de lui-même, de se mettre à l'écoute de l'autre, d'augmenter sa tolérance à son égard sans avoir l'impression d'être personnellement démuni, et de mieux analyser l'interaction qui se passe entre lui et son conjoint.

— En règle générale, par l'adoption de sessions conjointes le temps gagné surtout pour l'appréciation de l'interaction conjugale est plus important encore que dans les approches « stéréoscopiques » et simultanées séparées. L'insight des partenaires sur leur interaction et leur perception des distorsions entre le matériel présenté et la réalité apparaîtront plus rapidement et seront plus nettes, puisque ces opérations ont lieu dans le « hic et nunc » des processus d'interaction.

— Étant donné que la session conjointe constitue en fait une situation de groupe, l'intensité des réactions transférentielles est diminuée; par ailleurs, comme la triangulation des relations est spatialement vécue par les partenaires, ces réactions sont plus claires.

— En session conjointe, les propos ou les attitudes d'un partenaire en présence du conseiller ou du psychothérapeute peuvent éveiller chez l'autre des réactions et affects entièrement nouveaux qui ne se seraient peut-être pas manifestés dans la vie ordinaire.

— En session conjointe, il est possible, pour le psychothérapeute ou le conseiller, d'émettre une réponse-reflet à un partenaire, alors que la visée de son impact est dirigée vers l'autre, qui peut ainsi, dans certains cas, « sauver la face ».

— La manipulation du conseiller par un partenaire à son avantage est dans l'entretien conjoint particulièrement difficile, étant donné la présence de l'autre.

Les sessions conjointes ont aussi leurs désavantages :

— Il se peut qu'un conseiller tente d'étouffer littéralement toute manifestation d'agressivité chez les partenaires. Cette attitude sera perçue, souvent à juste titre, par les clients comme un indice d'anxiété; cela peut lui faire perdre la confiance de ses consultants.

— L'envergure d'observation réclamée du psychothérapeute ou du conseiller est plus vaste en session conjointe que dans les approches précédemment décrites. Les stimuli qu'ils reçoivent au même moment sont évidemment plus nombreux. Leur fatigue mentale apparaîtra avec une intensité d'autant plus importante que le temps à consacrer à la session conjointe est en général plus long que celui réclamé par

l'entretien individuel privilégié. L'entretien conjoint constitue donc une épreuve d'endurance pour le psychothérapeute
ou le conseiller. Ceci peut éloigner certains d'entre eux de la
pratique des séances conjointes. Les partenaires ont également plus de stimuli à affronter dans cette situation.

— La tentation, chez le conseiller, de se poser en juge est
ici particulièrement grande, notamment dans les cas où l'un
des partenaires est littéralement écrasé par l'autre.

— L'affrontement trop rapide et trop direct des vrais
facteurs en cause dans les difficultés du couple peut avoir
pour effet qu'un des partenaires ou les deux abandonnent la
relation d'aide psychologique ou la psychothérapie ou encore
que ces derniers restent longtemps ou de façon définitive
fixés collusivement à un stade déterminé de leurs prises de
conscience. C'est en effet dans le contexte conjoint que se
produira le plus rapidement la catalyse de la crise conjugale,
celle-ci se produisant généralement en deux temps : un
premier, où s'observe une augmentation de la distance entre
les partenaires à mettre en rapport avec la découverte déplai-
sante pour leur moi de ce qui les a unis, et un second où a
lieu chez chacun une tentative d'adaptation à l'évolution de
l'autre; la première phase est souvent colorée d'affects
dépressifs, agressifs ou de dépendance. Le risque de rupture
psychologique rapide entre les conjoints est assez grand, mais
en l'absence d'aide psychologique, ce danger est en général
plus grave et reporté.

— Si toute la relation d'aide psychologique ou la psychothérapie a lieu sur le mode conjoint, un des partenaires ou
les deux peuvent se sentir frustrés dans leur investigation
personnelle, étant donné l'absence de relation individuelle
privilégiée. A ce propos, il faut toutefois noter que le
psychothérapeute ou le conseiller, en sessions conjointes,
même s'ils se centrent sur l'interaction communicatrice, ne

pourront pas négliger les éléments psychologiques individuels qui apparaîtront inexorablement avec le temps quand la gêne provoquée par la présence du partenaire aura été éliminée. Il est parfaitement possible au cours d'entretiens conjoints, de faire réaliser à chaque partenaire d'importantes prises de conscience à son propre sujet. L'approche séparée et simultanée des partenaires est néanmoins préférable quand des facteurs psychopathologiques, présents chez un des partenaires ou les deux, sont à l'avant-plan du tableau du dysfonctionnement conjugal chronique.

— Un partenaire peut ne pas exprimer en session conjointe certains éléments importants ou significatifs par crainte de représailles de la part de l'autre.

— L'évolution personnelle des partenaires est, en règle générale, ou moins rapide ou moins importante (ou les deux) que dans les approches individuelles privilégiées.

— Les réactions et affects négatifs qui peuvent se présenter en session conjointe sont tels que le conseiller risque de perdre son contrôle et de manifester en retour des attitudes défensives défavorables au bon déroulement de la relation d'aide psychologique.

C. *Les deux partenaires sont en rapport avec le même psychothérapeute ou conseiller et il existe à la fois des entretiens séparés et des entretiens conjoints (approche mixte).*

Dans l'approche mixte, les sessions conjointes serviront surtout à mieux définir la communication entre les partenaires et à essayer d'améliorer cette dernière. Cette approche, assez récente, offre au client d'importantes possibilités d'investigation puisque ce dernier y a l'occasion de « fonctionner » psychologiquement dans trois champs différents :

— le vécu intrapsychique,

— le secteur de l'interaction communicatrice significative inhérente à la relation conjugale,

— le système des relations sociales, étant donné que le psychothérapeute ou le conseiller représentent au départ des éléments de la société, avec lesquels le client n'a pas encore établi de relations interpersonnelles denses.

Dans cette perspective, les sessions séparées et les entretiens conjoints forment donc un tout.

Un autre avantage appréciable de cette approche réside dans la souplesse qu'elle permet dans l'indication et la fréquence des différents types de session en fonction des demandes ou problèmes personnels ou conjoints des partenaires tout au long de leur prise en charge psychologique. Cet avantage est plus important encore quand le psychothérapeute ou le conseiller admettent qu'un partenaire, s'il le désire, ne participe qu'aux entretiens conjoints.

Il faut selon nous adopter cette approche psychologique du couple en difficulté chronique quand il n'y a pas de contre-indications à la prise en charge des deux partenaires par une même personne, et plus particulièrement à l'entretien conjoint.

D. *Les deux partenaires du couple sont pris en charge psychologiquement, avec d'autres couples, chaque couple étant présent à chaque session (psychothérapie ou relation d'aide psychologique de groupe de couples).*

Les approches psychologiques de groupe, actuellement très variées, ont pris une extension considérable ces derniers temps et on leur accorde beaucoup d'attention depuis un peu plus d'une décennie environ; les premiers tâtonnements en la matière eurent toutefois lieu bien antérieurement encore.

Il semble avantageux que les groupes soient animés par deux conseillers ou psychothérapeutes de sexe différent; ces derniers forment alors pour le groupe une image hautement privilégiée susceptible de servir de modèle d'identification. En situation de groupe, l' « agression » à laquelle sont parfois soumis le conseiller ou le psychothérapeute suite aux réactions négatives manifestées à leur égard par l'un ou l'autre membre du groupe est moins intense que dans les approches psychologiques individuelles privilégiées, puisque l'animateur bénéficie souvent dans les groupes du soutien de la majorité des membres; si, par contre, ces derniers se liguent contre le conseiller, celui-ci pourra être particulièrement ébranlé. Par ailleurs, dans un groupe, le conseiller (ou psychothérapeute) « fonctionne » constamment sous l'observation de multiples personnes, celles-ci l'évalueront souvent de façon bien plus objective que ne le fait un client en relation d'aide psychologique (ou psychothérapie) individuelle privilégiée.

Il existe, pour couples en difficulté chronique, des approches de groupe dans lesquelles les partenaires d'un même couple sont placés chacun dans un groupe différent; il ne s'agit plus alors d'approche psychologique de groupe de couples.

C'est aux États-Unis que se réalisèrent les premiers essais de cette approche du couple en difficulté chronique.

Les groupes de couples doivent être organisés de telle manière qu'ils ne contiennent pas en eux-mêmes de germes particulièrement explosifs; il faut, par exemple, éviter de placer en situation de groupe de couples cinq femmes castratrices et cinq impuissants. L'homogénéité des différentes variables dans les couples choisis ne doit être ni trop forte, ni trop faible. Dans un groupe de couples, le conseiller ou le psychothérapeute se centrent généralement sur la communication « conflictuelle » des partenaires des couples. En conséquence, bien souvent, seuls, les éléments névrotiques projetés dans la relation conjugale par les partenaires seront investigués et éventuellement améliorés. Une appréciation sommaire préalable de l'interaction communicatrice des différents couples semble ici très utile.

Dans les groupes de couples, on observe assez régulièrement une diminution ou une suppression de certains affects, en particulier ceux de culpabilité; ce phénomène tient au fait que les partenaires prennent conscience de l'existence chez d'autres de difficultés conjugales chroniques similaires aux leurs. On y observe aussi plus que dans les groupes habituels le phénomène de résistance par l'alliance de membres du groupe, dans le but d'éviter la mise en question personnelle par ce dernier; ce processus est favorisé par les affinités existant au préalable entre les partenaires d'un couple.

L'approche de groupe de couples est particulièrement appropriée quand seule la communication conjugale paraît concernée, donc lorsque les autres secteurs de la vie personnelle et interpersonnelle des partenaires ne sont apparemment pas atteints, les conjoints projetant dans ce cas la majorité de leurs éléments névrotiques dans la relation conjugale.

On peut aussi organiser des groupes de couples dont certains enfants constituent un problème sur le plan psychologique et sont peut-être pris en charge par un pédopsychiatre ou un psychologue d'enfants. La participation des parents à des groupes de couples est susceptible d'aboutir chez eux à une adaptation aux éventuelles modifications positives des enfants et à un évitement des réactions et affects négatifs et des tentatives de retrouver l'état initial d'homéostasie familiale, souvent observés en l'absence de prise en charge.

La contre-indication la plus importante des psychothérapies ou des relations d'aide psychologique de groupe de couples est formée par les couples dits « crampons » où l' « enclenchement » névrotique des partenaires est tel qu'il est pratiquement certain que le groupe n'aura sur eux aucune prise, la résistance par l'alliance jouant d'emblée automatiquement et de façon importante.

Dans l'approche de groupe de couples, l'envergure d'observation réclamée de l'animateur est plus importante que dans l'approche conjointe et, selon les groupes, plus ou moins grande que dans les approches mixtes et les approches familiales, ces deux derniers types d'approche, en particulier les approches familiales, demandant des efforts mentaux plus considérables que les approches conjointes.

Quand ce mode d'approche fut envisagé, on avait craint que dans les groupes de couples ne se produisent des décentrations importantes, transitoires ou définitives, de partenaires par rapport à leur couple, les acting out se réalisant plus facilement dans des situations moins contrôlables, comme celle de groupe; en fait, il a été, en général, avéré que l'investigation verbalisée de ces tendances centrifuges chez l'un ou l'autre membre du groupe modifiait leur relation conjugale plutôt dans un sens bénéfique que dans celui d'une rupture.

Qu'un conjoint utilise contre son partenaire des productions propres au groupe ou à l'un ou l'autre de ses membres ou émanant du psychothérapeute ou du conseiller était aussi redoutée, comme ce fut le cas pour les sessions familiales et pour les approches conjointes en ce qui concernait les interventions du psychothérapeute ou du conseiller. Cette crainte était, en fait, justifiée; toutefois, quand ce processus n'est pas trop important, il est exploitable et peut susciter de nouvelles et importantes prises de conscience.

Une autre crainte existant a priori était que le passage d'éléments inconscients dans la réalité vécue s'opposerait à la conceptualisation verbalisée de ces derniers, autrement dit que les situations « conflictuelles » des couples seraient perpétuellement entretenues par leur actualisation pulsionnelle sans clarification verbale véritable. Le même phénomène était redouté à propos des sessions conjointes et familiales. En fait, les comportements du couple dans la situation d'aide psychologique ne sont pas identiques à ceux de la vie ordinaire; cette différence est exploitable dans un sens positif par le psychothérapeute ou le conseiller.

Il existe des différences entre le psychothérapeute ou la relation d'aide psychologique conjointes et celles de groupe de couples.

Le groupe de couples peut « offrir » avec un certain danger de directivisme que le conseiller s'efforcera d'éviter, des modèles comportementaux et d'adaptation nouveaux dont bénéficieront surtout les couples dont les possibilités de renouvellement sont faibles, par exemple, ceux dont les partenaires sont limités dans leurs moyens de communication verbale ou autre, ou peu susceptibles de se modifier en fonction de l'évolution socio-culturelle dans laquelle ils s'inscrivent, ou encore les couples dont l' « infiltration » névrotique est telle que la communication entre les partenaires s'en trouve fortement paralysée.

Les modifications en ce qui concerne les réactions transférentielles sont ou comparables ou plus nettes dans les groupes de couples que dans les approches conjointes.

E. *Un même psychothérapeute ou conseiller prend en charge les deux partenaires du couple et toutes les autres personnes qui vivent sous le même toit.*

Les premières approches familiales véritables eurent lieu aux environs de 1950. FREUD, S., bien auparavant toutefois, avait exposé ses conceptions de la psychodynamique familiale (cfr The Family Romance — Standard Edition). Le nom d'ACKERMAN, N. W. doit être mentionné comme étant une des personnes les plus représentatives en matière d'approche psychologique de la famille dans sa totalité; ses conceptions forment un curieux mélange de règles psycho-thérapeutiques classiques et d'attitudes d'intervention. D'autres auteurs ont adopté des procédés qui, en dernière analyse, relèvent de méthodes de conditionnement. L'intérêt à l'égard de cette approche a été suscité par les échecs plus ou moins nombreux rencontrés dans les autres types de psychothérapie ou relation d'aide psychologique quelle qu'en ait été l'indication initiale ou la structure adoptée. Les approches familiales sont à l'heure actuelle en plein essor. Elles sont issues de la prise en considération du principe de l'homéostasie de la famille aux différentes phases de son cycle. Cette homéostasie existe, que les membres du groupe familial soient relativement sains ou franchement patholo-giques sur le plan mental. La relation conjugale ne peut être isolée, ni de la famille nucléaire dont elle constitue le fonde-ment, ni des familles parentales des deux partenaires. A titre d'illustration, il suffit de mentionner les projections « en cascade » qui se produisent lors des différents choix conju-gaux, le phénomène de l'inversion œdipienne ainsi que l'influence de la famille prise « in globo » sur le développe-ment individuel. Sous cet angle, les troubles psychologiques individuels ne peuvent être vraiment compris sans connais-sance de la famille dans sa totalité et leur abord ne peut se concevoir que via cette dernière; si un membre d'une famille évolue nettement en maturation lors d'une psycho-thérapie (ou relation d'aide psychologique) individuelle, il se produira une rupture de l'équilibre familial engendrant divers affects et réactions chez les autres membres qui agiront à leur tour, par un mécanisme de feed-back, sur la personne prise en charge. Il serait particulièrement utile d'élaborer des procédés scientifiques d'investigation familiale qui permettraient une appréciation différentielle des familles, qu'elles soient ou non dysfonctionnelles; des tentatives ont d'ailleurs déjà été réalisées dans ce sens.

On peut élargir cette perspective en émettant l'hypothèse que les dimensions psychologiques personnelles propres au couple, à la famille et à la société, sont en état d'osmose permanente et tendent à s'équilibrer. Dans une conception aussi élargie, doivent être étudiés entre autres le fonctionnement « psychosocial » des groupes familiaux, les éléments sociaux pathogènes pour la famille, le couple et l'individu, les facteurs qui différencient les relations familiales et sociales et les mécanismes de réinsertion sociale d'un individu qui s'est modifié psychologiquement.

Il est assez curieux qu'on soit resté longtemps sans accorder une attention suffisante à la famille et à la société comme sources de pathologie mentale individuelle, alors qu'il était pourtant admis ouvertement qu'un entourage familial et social sain était favorable à l'équilibre psychologique des individus.

Dans l'approche familiale, l'interaction communicatrice conjugale demeurera en général l'élément central de l'investigation, mais les troubles personnels y seront aussi appréhendés dans le cadre plus large de leurs rapports avec le « fonctionnement » du groupe familial. La psychothérapie (ou relation d'aide psychologique) familiale forme en règle générale une espèce d'approche combinée, où le type et la fréquence des différentes sessions seront fonction de l'évolution globale du groupe, de la famille, de chaque membre, de certains membres rivaux ou au contraire ayant établi entre eux des alliances, des relations privilégiées, ou formé des clans, etc... Dans cette approche, le conseiller ou le psychothérapeute ne négligeront pas de refléter les éléments qui, chez les clients, sont en relation avec leur famille nucléaire ou les familles d'origine du couple, ou avec les fonctions élémentaires de la famille (de protection, d'éducation, d'apprentissage social, de source d'identité, etc...). L'approche familiale présente donc des aspects sociologiques non négligeables. Parfois, une personne, mandée comme observatrice, va séjourner un certain temps au domicile des clients pour mieux apprécier la communication qui existe entre eux dans leur cadre habituel. L'expérience des séances familiales est en général ressentie de façon dense par les participants.

L'approche familiale a comme indications essentielles, outre les dysfonctionnements dans l'interaction communicatrice à l'intérieur de la famille, l'abord, via cette dernière, de certaines affections mentales plus ou moins graves, (où seul un psychothérapeute pourra intervenir), par exemple, la schizophrénie d'un enfant (et dans ce cas, la relation de la mère à l'enfant schizophrène recevra une attention particulière de la part du psychothérapeute), et la délinquance juvénile qui peut être en rapport avec une discorde parentale ou la conséquence d'un passage à l'acte par procuration de la part d'un des parents ou des deux. Dans ce dernier cas, l'acting out est ouvertement réprouvé et tacitement permis ; ce processus se produit, en règle générale, dans un contexte obsessionnel du côté parental (des troubles surmoïques existant alors chez l'enfant bien entendu, mais aussi chez le ou les parents concernés).

Les avantages de l'approche familiale sont comparables à ceux de l'approche conjointe : il y a une appréciation meilleure et plus rapide que dans des entretiens séparés, de la dynamique familiale et de l'intégration sociale de la famille. Pour cette appréciation, les psychothérapeutes ou conseillers disposent d'autres éléments que des productions verbales ou autres indices expressionnels des membres, par exemple, d'éléments formels, telles les places que les personnes concernées choisissent ou s'imposent dans le bureau de consultation.

Les différences les plus saillantes entre les approches familiales et les approches de groupe habituelles sont les suivantes :

— Dans les approches de groupe, les prises de conscience s'opèrent grâce à l'intervention des membres entre eux et avec le ou les animateurs ; à la fin de chaque session, le travail psychologique d'investigation est en soi interrompu, bien qu'il puisse continuer chez l'un ou l'autre membre.

— En approche familiale, le travail psychologique n'est pas interrompu étant donné que le groupe ne se dénoue pas mais tient une véritable session continue d'une durée plus ou moins importante, celle de la prise en charge psychologique du groupe (où rapidement les différents membres cessent de se regarder comme auparavant).

— Les problèmes personnels sont plus facilement abordables en session familiale qu'en approche de groupe.

— Le psychothérapeute ou le conseiller sont assez souvent inclus dans le groupe familial, y étant parfois considérés comme de simples membres, tandis que dans l'approche de groupe habituelle les fonctions essentielles de l'animateur sont davantage respectées.

— Étant donné la présence habituelle d'enfants dans les groupes familiaux, ceux-ci sont plus imprégnés de « relations verticales » que les groupes habituels et leur homogénéité est moindre.

# CHAPITRE IV

# ASPECTS MÉTHODOLOGIQUES
# EN CONSULTATION CONJUGALE
# ET FAMILIALE CENTRÉE SUR LE CLIENT

L'aide en matière conjugale est apportée par des psycho-thérapeutes et par des conseillers conjugaux. Une remarque importante doit être faite à propos de l'emploi du terme « conseiller » :

Ce dernier évoque le vocable « conseil »; pourtant, le conseiller conjugal ne donne généralement pas de conseils; il n'est pas un conseilleur, mais une personne qui tente d'aider ses clients à délibérer au sujet d'eux-mêmes; la langue anglaise est plus nuancée à ce propos : le mot « counsel » signifie délibération et est à mettre en rapport avec le terme « consilium » adopté, avec le même sens, par saint Thomas d'Aquin, tandis que le vocable « advice » se traduit par « conseil » dont le sens habituel est bien connu. La malencontreuse connotation du terme « conseiller » a pour conséquence que beaucoup de clients considèrent a priori le conseiller conjugal comme détenteur de « recettes » à distribuer pour être heureux dans la conjugalité; la déception des consultants est souvent grande au départ car des conseils, des directives, etc... ne leur sont pratiquement jamais donnés quand leur demande concerne un dysfonctionnement psychologique dans leurs relations conjugales. On conviendra pourtant aisément que ferait montre d'un narcissisme par trop important, préjugerait trop favorablement de sa compétence une personne qui essaierait de modifier rapidement, de façon directive, des coordonnées aussi délicates à manipuler que celles des situations conjugales chroniquement « conflictuelles »; il faut en conséquence se méfier au plus haut point d'un conseiller conjugal qui répond à une demande de conseil sur le plan psychologique (et, soit dit au passage, plus encore de ceux qui, dès le début d'une prise en charge, promettent d'améliorer à coup sûr les conflits qui leur ont été décrits). Le terme de « conseiller » est rejeté par certains centres et tous les autres pâtissent plus ou moins de ce vocable; la langue française ne possède pas d'expression vraiment adaptée pour décrire la fonction de conseil, hormis celui de « psychothérapie »; ce dernier n'est pourtant guère envisagé par les centres de consultation conjugale, sous prétexte que le mot « thérapeute » impliquerait a priori l'admission chez les clients d'éléments pathologiques et parce que les psychothérapeutes professionnels admettent rarement que leurs activités soient assimilées à celles des conseillers. Il nous semble difficile de nier l'existence d'une composante psychothérapeutique dans l'activité de conseil conjugal : en consultation conjugale a lieu l'investigation d'éléments névrotiques personnels ou projetés dans la relation et cette exploration peut se dérouler pendant de nombreux mois ou années. Signalons, ici déjà, que la fonction d'absorption *sans plus*, observée chez certains conseillers conjugaux, de personnes franchement pathologiques sur le plan mental qui acceptent le recours à eux et refusent l'aide d'un psychiatre ne peut que difficilement se justifier; cette fonction va à l'encontre d'une véritable politique en matière de santé mentale puisqu'elle entretient chez les clients de ce genre, d'une part, la négation de leurs troubles et d'autre part, les préjugés rencontrés dans nos pays à l'égard des professions à caractère officiellement psychologique.

\* \* \*

Quelques principes généraux doivent guider les personnes qui abordent l'homme en difficulté psychologique :

— L'être humain formant une entité psycho-physiologique particulière, il convient de demeurer toujours attentif au domaine dans lequel on ne possède pas ou guère de compétence, en l'occurrence pour les psychothérapeutes ou les conseillers conjugaux, dans le secteur organique.

— Bien qu'en pratique, il faille, le plus souvent, s'en tenir à une seule méthodologie, il n'est pas judicieux de ne connaître que cette dernière. L'étude des autres techniques d'aide psychologique augmente l'aisance du conseiller dans l'approche qu'il a adoptée.

— Enfin, pour obtenir une certaine efficacité en relation d'aide psychologique, l'amateurisme doit être formellement rejeté; il s'agit là d'ailleurs d'une règle déontologique élémentaire.

La psychothérapie ou relation d'aide psychologique sont des moyens par lesquels un psychothérapeute ou un conseiller qui ont bénéficié d'un véritable apprentissage tentent d'atténuer chez autrui la souffrance psychologique et parfois organique (pathologie psychosomatique) en établissant avec ce dernier une relation d'un type particulier, différente des relations humaines habituelles.

L'impact de la psychothérapie ou de la relation de conseil se situe :

— en fonction des différents types de dysfonctionnement psychologique, généralement, au niveau des névroses et des situations « conflictuelles »;

— en fonction des divers secteurs du fonctionnement mental, au niveau des activités de délibération au sujet de soi-même à connotation à la fois cognitive et affective où les différents éléments psychologiques, intérieurs et extérieurs, sont saisis, de façon plus ou moins autonome, dans leur mouvance perpétuelle.

On peut, d'un point de vue phénoménologique, distinguer trois grandes modalités de relation d'aide psychologique (ou psychothérapeutique) :

1. Les relations non symétriques et hiérarchisées parce que le psychothérapeute se situe en position de supériorité; la relation psychothérapeutique psychanalytique en est l'exemple classique.

2. Les relations non symétriques et hiérarchisées parce que le conseiller ou le psychothérapeute n'interviennent seulement qu'en fonction du cadre de référence du client; la psychothérapie ou la relation d'aide psychologique centrées sur le client en formant le principal représentant.

3. Les dernières tendances d'Outre-Atlantique en psycho-thérapie ou relation d'aide psychologique, où les relations sont symétriques et non hiérarchisées.

Sur le plan humain, ces dernières sont particulièrement séduisantes; néanmoins, si on envisage le point de vue scientifique, force est de constater que seules les écoles ayant adopté les relations d'aide psychologiques ou psycho-thérapeutiques centrées ont fourni le plus de documents valables pour étayer la méthodologie et les principes qu'elles préconisaient. Ces considérations d'ordre scientifique cou-plées avec les aspects fondamentalement existentiels de ces approches nous les ont fait adopter en consultation conjugale. Les écoles qui ont choisi l'orientation centrée furent les premières à utiliser le pouvoir curatif de la relation elle-même; cette relation est exploitée de façon plus appréciable encore dans les dernières tendances existentielles américaines.

Quand un client dit à un psychothérapeute (ou à un conseiller) conjugal : « Je déteste ma femme », l'attitude verbale ou autre de ces derniers sera choisie, en fonction de la méthodologie et des principes adoptés, parmi toutes celles qui sont théoriquement possibles; le but principal de ce chapitre est de faire comprendre les raisons qui sous-tendent les attitudes que prennent les psychothérapeutes et conseillers conjugaux centrés sur leurs clients et qui, soulignons-le, rendent très souvent perplexes ces derniers lors de la prise en charge.

La psychothérapie ou la relation de conseil centrées reposent sur la conception que l'être humain, qu'il soit normal ou dysfonctionnel sur le plan mental, est capable, au moins potentiellement, de se comprendre lui-même et de se comporter d'une manière appropriée et qui lui donne satisfaction. Cette conception est le reflet d'une transposition dans le domaine psychologique de la tendance évidente à la croissance, perçue dans le monde biologique, quand les conditions extérieures sont favorables. Dans l'histoire même de l'humanité, on discerne également cette maturation lente mais certaine, quoique régulièrement des fluctuations puissent en faire douter. La capacité qui vient d'être évoquée ne peut toutefois être mise en œuvre que si l'environnement relationnel du sujet ne contient pas d'éléments trop menaçants pour lui.

Ces perspectives plutôt optimistes du fonctionnement psychologique humain sont quelquefois difficiles à maintenir quand elles se heurtent à des réalités et expériences peu encourageantes.

Dans ce cadre, la genèse des dysfonctionnements psychologiques (mais non de nature psychotique) se conçoit comme suit :

— A un moment donné de l'historicité d'un sujet apparaît, pour ce dernier, une menace provenant de son monde relationnel; celle-ci se produit quand certains comportements, reflets de sentiments négatifs, perçus par des personnes qui lui sont significatives (les parents généralement), risquent de lui faire perdre leur affection et leur estime, conditions nécessaires à son actualisation.

— Semblable menace est anxiogène.

— Pour atténuer ou annuler son anxiété, le sujet utilise successivement deux mécanismes de défense :

— d'abord le refoulement des manifestations (expressions verbales et comportementales) de ses sentiments négatifs,

— ensuite, la répression de ceux-ci mêmes.

A ce stade, est apparemment retrouvé l'état psychologique initial du sujet, car ses conditions d'actualisation lui sont restituées.

Toutefois, des modifications se sont produites dans sa psychologie :

— il est devenu dépendant de l'appréciation de tiers

— et une partie de son expérience perceptive lui échappe et par voie de conséquence la maîtrise entière de son comportement.

La dépendance en question a tendance à être transposée de façon quasi systématique, presque viscéralement, à tous les rapports interpersonnels. Certaines attitudes parentales ou d'adultes n'ont d'ailleurs d'autres buts que d'obtenir la dépendance des enfants. Dans le même ordre d'idées, il faut savoir que des tendances ouvertement dominatrices peuvent en réalité camoufler un besoin de dépendance.

Les dysfonctionnements psychologiques dont il est ici question sont, selon ces vues, le produit d'une aliénation du sujet par rapport à son expérience vécue et, en dernière analyse, des réactions à des conditions psychologiques adverses dans son environnement.

Cette représentation de l'étiopathogénie des troubles mentaux non psychotiques explique les deux attitudes fondamentales adoptées en psychothérapie ou relation d'aide centrées sur le client :

1) l'« organisation » d'une atmosphère relationnelle non menaçante pour ce dernier, dans le but de lui faire retrouver

— ses possibilités refoulées de ressenti affectif et

— l'autonomie verbale et partiellement comportementale en rapport avec ce ressenti ;

2) l'opposition aux tentatives du client de se mettre en état de dépendance à l'égard du psychothérapeute ou du conseiller.

On peut mobiliser chez autrui d'importantes forces de changement, à condition de les laisser émerger sans coercition extérieure qui menacerait son autonomie.

Pour qu'un client soit susceptible de bénéficier d'une psychothérapie (ou relation d'aide psychologique) centrée, il lui faut posséder un minimum de possibilités de communication, de réceptivité et de réactivité émotionnelle. L'expérience montre cependant qu'une trop grande immaturité constitue un sérieux obstacle pour l'obtention de bénéfices substantiels en approche centrée; il semble qu'il faille dans ce cas, au départ, adopter une attitude davantage pédagogique. On ne peut guère escompter de résultats positifs au moyen de cette approche chez des personnes d'intelligence faible, surtout celles dont les capacités de verbalisation sont médiocres; à ce propos, il convient toutefois de ne pas oublier que l'état émotionnel d'une personne, s'il est très troublé, peut rendre difficile l'appréciation de son niveau intellectuel. Pour qu'en psychothérapie (ou en relation d'aide psychologique) centrée sur le client des changements positifs se produisent dans la personnalité du consultant, cinq conditions minimales sont requises :

— Il faut qu'un contact psychologique se soit établi entre le psychothérapeute ou conseiller et son client.

— Il est nécessaire qu'existe chez ce dernier, soit un état de distorsion entre son monde intérieur et son comportement, soit un vécu anxieux ou une vulnérabilité psychologique plus ou moins importante.

— Le conseiller ne doit pas, au moins au moment de l'entretien, vivre un état de distorsion.

— Le psychothérapeute (ou le conseiller) doit éprouver et manifester une authentique empathie et un respect inconditionnel à l'égard de son client.

— Rappelons enfin que le conseiller (ou le psychothérapeute) est tenu de ne pas entrer dans la relation complémentaire de son client, ce qui en consultation conjugale revient généralement à ne pas adopter les attitudes verbales ou comportementales de son conjoint. Il est utile de savoir à ce propos que la non-connaissance de ce dernier ne constitue pas un handicap important : sa personnalité peut, la plupart du temps, être devinée grâce à la connaissance de la complémentarité intersubjective, par la simple appréhension de la personnalité du consultant; par exemple, quand on décèle chez un client des tendances très dominatrices, la probabilité est grande que son conjoint soit ou compétitif ou soumis.

Dans cette même perspective, d'autres critères doivent aussi être pesés chez le client.

— La force du moi qui doit être suffisante.

— La capacité à « entrer en relation avec » autrui qui ne peut être trop faible; dans ce but, pourront être appréciés sa relation avec son conseiller ou psychothérapeute, l'intérêt (au sens le plus large du terme) qu'il porte à son partenaire, à sa famille, aux relations sociales, etc...

— L'importance et le degré de rigidité du système défensif; qu'ils soient trop élevés est de mauvais augure; les possibilités d'adaptation sont alors limitées; en pareil cas, le client admettra avec difficulté son implication dans les problèmes conjugaux et il ne lui sera pas facile de prendre à leur égard une certaine distance; le mécanisme de défense le plus souvent en question à ce sujet est la projection, c'est-à-dire la perception inexacte chez autrui d'éléments, d'affects, etc... qui n'y sont pas présents (ceux-ci existent par contre chez la personne qui projette, mais sont soumis par elle à leur négation).

— La chronicité des difficultés; si celles-ci persistent depuis de nombreuses années, il est probable que la motivation à l'égard d'une aide psychologique et d'un renouveau conjugal soit assez basse. En général, ces problèmes ne sont alors plus guère pris au sérieux ou ils sont même parfois étalés avec cynisme, les deux partenaires s'étant installés dans l'inconfort.

*   *
*

Quelles sont les attitudes inappropriées chez le psycho-thérapeute ou le conseiller?

A. Les évaluations, à propos du client, sur le plan des valeurs morales, philosophiques, religieuses, idéologiques ainsi que les interprétations et explications concernant sa psychologie. Les premières fonctions ont pour but final d'indiquer au consultant quel sens devrait prendre son comportement; les secondes ont pour visée ultime d'instruire le client quant à son vécu psychique.

Ces attitudes sont inadéquates parce qu'il y a beaucoup de chances qu'elles aggravent l'état de dépendance initial du client; en effet, si un psychothérapeute ou un conseiller déjà investis a priori d'une certaine compétence laissent en plus percevoir celle-ci en adoptant les attitudes en question, il est assez probable que le client soumette sa pensée et ses propres conceptions à celles de la personne consultée, et ce d'autant plus facilement qu'il s'estime souvent au départ fragile et sans grande valeur personnelle. De plus,

— en ce qui concerne les évaluations :

— si elles ont un caractère positif, la probabilité chez le client de se situer en état de dépendance sera plus grande encore et le risque existe qu'il adhère à des principes qu'au fond de lui-même il n'assume pas;

— si elles comportent un contenu négatif, elles ont en plus un caractère menaçant, donc pathogène.

— en ce qui concerne les interprétations et explications psychologiques, par elles on fournit au client des données souvent étrangères à son expérience propre et qui relèvent donc d'un cadre de référence qui n'est pas le sien. En outre, par la fonction d'interprétation et d'explication psychologique, on accable le client dans ses possibilités de compréhension de lui-même; en effet, en lui montrant qu'il appartient à une tierce personne de déterminer son type de caractère ou la signification de ses comportements, etc..., on lui dit implicitement qu'il est incapable de se saisir lui-même ; les principes de base en approche centrée sont de ce fait niés. Il est particulièrement inopportun de manifester à un client, d'une quelconque façon, que ses mécanismes de défense et ses résistances sont saisis ; une réponse-reflet portant sur eux n'a guère de chances d'être acceptée puisque l'attitude défensive ou la résistance présentées à un moment donné de la prise en charge ont précisément pour but d'échapper provisoirement à la prise de conscience.

A propos de l'interprétation, il faut savoir que même en psychothérapie psychanalytique, il est bien connu que l'éventuelle amélioration d'un patient est d'autant plus importante qu'il y a eu moins d'activité de ce genre chez le psychothérapeute.

En fait, les attitudes interprétatives suscitent des réactions assez divergentes mais non prévisibles. A leur propos, il faut savoir que l'expérience des psychothérapies ou relations d'aide psychologique centrées de longue durée montre qu'au fur et à mesure qu'un sujet avance dans son investigation personnelle, il en arrive à verbaliser un contenu de pensée suffisamment introspectif pour que les réponses-reflets de cette pensée aient un caractère interprétatif manifeste sans provoquer chez lui de réactions négatives, puisque c'est de lui seul qu'elles émanent.

Une dernière remarque s'impose à propos du diagnostic psychologique. La transmission au client de ce dernier ne peut se produire, ce qui ne signifie nullement qu'il ne faut pas en établir un. Le diagnostic psychologique est une estimation ; si la transmission de celle-ci a lieu, le risque est grand que le client ne s'en remette aussi au « spécialiste » pour la prise en charge psychologique elle-même.

Les interprétations, explications et diagnostics psychologiques doivent être en continuité mouvante et se dérouler dans l'esprit du client.

B.  Les comportements protecteurs ou de réassurance.

Il est nécessaire de les éviter pour plusieurs raisons.

— Tout d'abord, il existe un certain danger de fixation à la personne qui manifeste ces attitudes et l'autonomie potentielle du client risque de s'en trouver diminuée.

— En second lieu, même si d'un point de vue statistique ce que le client perçoit comme un problème est considéré comme une banalité, il n'en demeure pas moins vrai que le consultant le vit comme une difficulté; c'est en cela que réside le vrai problème qui doit être soigneusement ventilé.

— Enfin, la négation ou la minimisation d'un problème perçu par un client comme étant plus ou moins sérieux revient finalement à lui signaler qu'il a mal jugé. Vu sous cet angle, paradoxalement, un comportement d'allure rassurante est, en dernière analyse, une attitude menaçante.

Certes, il y a souvent dans toute forme de psychothérapie ou de relation de conseil une diminution de l'anxiété et de la tension nerveuse du fait même de la prise en charge. Quand la « centration » est adoptée, une réassurance supplémentaire se produit, grâce à la tolérance manifestée à l'égard des clients. Ces formes indirectes de réassurance sont souvent nécessaires pour que puisse commencer le véritable travail psychologique d'investigation.

C.  L'énonciation de propos à tonalité menaçante.

L'explication de ceci découle des conceptions de base en relation d'aide psychologique ou psychothérapie centrées.

D. L'investigation du monde du sujet.

Quatre raisons motivent cette abstention.

— Tout d'abord, en adoptant une attitude exploratrice, on va à l'encontre de l'autonomie du client puisqu'une investigation contient une dimension coercitive.

— En second lieu, ce comportement expose le consultant à l'imprévu ; ce peut être menaçant.

— En troisième lieu, par cette pratique, on interrompt éventuellement la concentration du client.

— Enfin, si l'investigation a lieu au moment où le consultant est en train de s'expliquer en longueur et en détail sur quoi que ce soit, son discours sera interrompu ; le client croira alors facilement que ses propos n'avaient aucun intérêt.

Toutefois, le conseiller ou le psychothérapeute se doivent de questionner quand ils n'ont pas saisi un énoncé clairement verbalisé par leur interlocuteur et pour la compréhension duquel il leur manque certaines données que ce dernier peut leur livrer sans réticence.

E. Les attitudes à dimension directive, comme donner des conseils, orienter, proposer des solutions, répondre à des questions posées (sauf aux demandes d'ordre technique ou d'information, et dont le client ne pourra pas obtenir la réponse du seul fait d'une éventuelle évolution psychologique).

En adoptant ces comportements, on s'oppose très nettement aux possibilités d'autonomie du client. Ces activités servent de bien médiocres substituts au lent travail « maturatif » d'investigation psychologique personnelle chez le consultant ; ce dernier n'est pas réellement assisté. Ce sont pourtant des comportements de ce type qu'attendent la majorité des clients de la part du conseiller ou du psycho-thérapeute; ceux-ci doivent parfois résister à de véritables manifestations de chantage, au suicide notamment, pré-sentés par certains consultants qui réclament d'eux ce genre d'attitude.

A propos des conseils, il ne faut aucunement se leurrer :

— Souvent, même s'ils ont été lucidement demandés et ont paru bien acceptés, ils suscitent des résistances et de l'hostilité, provoquées par les sentiments (généralement ressentis de façon confuse) d'indignité, de dévalorisation et d'humiliation devant l'apparente supériorité de la personne qui, en un court laps de temps, suggère à autrui une orien-tation pour des difficultés avec lesquelles il se débattait depuis longtemps peut-être. Ce fait explique aussi que les conseils donnés sont rarement suivis (tout comme les ordres qui, même acceptés, le sont souvent avec beaucoup d'ambivalence) et ce d'autant plus, qu'en ne s'y conformant pas, le demandeur a pour but plus ou moins inconscient de préserver sa liberté. A ce propos, la plupart des parents savent à suffisance combien les enfants, même en bas-âge, peuvent, en général, résister à la dépendance à leur égard.

— Pour une personne, le fait de donner un conseil à une autre revient à se situer en surplomb par rapport à cette dernière, ce qui est très rassurant et flatteur pour le moi, donc susceptible de surtout lui profiter.

— Dans la majorité des cas, ceux qui demandent un conseil connaissent à l'avance la réponse « de bon sens » qui leur sera donnée.

En guise de conclusion, on pourrait presque affirmer que bénéficient des conseils surtout ceux qui les donnent et ceux qui ne les suivent pas.

Au sujet des demandes d'ordre technique ou d'information qui peuvent constituer la seule demande initiale ou être posées à un quelconque moment de la psychothérapie ou de la relation d'aide psychologique, il ne faut jamais perdre de vue qu'elles servent parfois d'écran pour camoufler des problèmes personnels ou de perche tendue au conseiller ou au psychothérapeute pour qu'ils aient l'occasion de déceler au-delà de la demande d'information les requêtes implicites sous-jacentes qui forment l'objet de la véritable demande. Pour cette raison, la forme même de la réponse à une demande d'information doit être telle que le client ne soit pas définitivement inhibé dans ses requêtes latentes au niveau de sa personnalité. Quand le conseiller répond à une demande d'information ou d'ordre technique, il doit veiller à ne pas donner à son message une tonalité normative, car cela pourrait être perçu comme une forme de domination.

Pour s'abstenir des attitudes à composante directive, un grand contrôle de soi est réclamé du psychothérapeute ou du conseiller. Beaucoup de personnes ne se rendent pas compte qu'en adoptant des allures directives, elles se donnent des facilités immédiates, reportant à plus tard l'éventuelle solution des difficultés qui leur sont présentées.

Le fait que le psychothérapeute ou le conseiller n'adoptent pas l'ensemble des attitudes qui viennent d'être mentionnées ne signifie nullement que ces fonctions sont étrangères à la psychothérapie ou relation d'aide psychologique; au contraire, elles y sont pratiquement toujours présentes, mais elles proviennent alors du client. Au cours d'une relation de conseil, le consultant peut manifester certaines réactions susceptibles de fouetter l'anxiété du conseiller (par exemple, une importante hostilité à son égard ou des menaces de suicide). Il est absolument nécessaire que ce dernier garde son sang-froid, n'adopte pas d'attitudes défensives et ne projette pas sur son client sa propre anxiété.

* * *

Quelles qualités le psychothérapeute ou le conseiller doivent-ils posséder et souvent transmettre dans la relation qu'ils établissent avec leur client?

### A. *La tolérance respectueuse*

C'est un facteur fondamental pour le maintien d'une interaction significative. Se montrer tolérant revient à accepter dans leur réalité existentielle les personnes prises en charge. Cette attitude promeut une atmosphère de liberté. Le client peut aborder n'importe quel sujet, que ce dernier lui paraisse tabou ou au contraire insignifiant; son expérience sera intégralement respectée. Il n'y a pas de rapport entre la tolérance d'un élément et son approbation : l'approbation est un jugement, donc une fonction inacceptée en approche centrée.

L'intolérance et le manque de respect sont, sans aucun doute, les attitudes qui déplaisent le plus au client.

### B. *Un certain degré de chaleur spontanée*

Cette qualité doit s'exprimer non seulement par le discours, mais également par diverses manifestations extra-verbales, en particulier les expressions faciales, le ton et les inflexions vocales. Il s'agit d'une qualité qu'on apprécie chez tout individu. Il ne semble pas y avoir de rapport entre l'importance de cette qualité chez une personne et son orientation méthodologique en psychothérapie ou relation d'aide psychologique. Pour que cette qualité soit transmise et perçue, il faut que le conseiller ne soit pas, au moins au moment de l'entretien, aux prises avec des problèmes personnels, particulièrement, ceux qui seraient le fruit d'une insatisfaction dans ses besoins psychologiques de base ou qui nécessiteraient la mise en œuvre trop importante de mécanismes de défense. Cette qualité rend le client plus à l'aise et lui fait percevoir que le psychothérapeute ou le conseiller ont à son égard un intérêt réel. Cette chaleur spontanée ne doit pas être manifestée avec trop de parcimonie : en effet, si tel était le cas, le client pourrait croire que le psychothérapeute (ou le conseiller) manque d'intérêt à son égard ou n'a pas suffisamment de confiance en soi pour s'engager dans une véritable relation interpersonnelle. Il ne faut pas non plus que cette qualité soit transmise de façon excessive dans la relation, et ce, pour les raisons suivantes :

— Il n'est pas possible de maintenir à un niveau très élevé une attitude chaleureuse spontanée pendant toute la durée d'une psychothérapie ou relation d'aide psychologique; de ce fait, une diminution dans l'intensité de cette qualité peut être interprétée par le client, soit comme un manque d'intérêt, soit comme une désapprobation à son égard.

— Une attitude chaleureuse excessive et spontanée favorise l'apparition de manifestations transférentielles positives qui ne sont pas encouragées en approche centrée.

## C. *L'empathie*

C'est avant tout une fonction cognitive qui consiste à saisir, par le dedans, tant sur le plan intellectuel qu'affectif, le contenu d'un énoncé ou d'une attitude du client et à lui montrer qu'il est réellement compris. Cette qualité permet donc d'appréhender tel quel, sans aller au-delà, le vécu psychologique existentiel du client. L'empathie est différente de la sympathie : la sympathie chez une personne est étroitement en rapport avec son propre ressenti, tandis que par l'empathie un sujet tente vraiment, sans faire référence à lui-même, de saisir ce que vit un autre. Il a quelquefois été objecté que les conseillers ou psychothérapeutes ne peuvent pas vraiment bien comprendre des difficultés qu'ils n'ont pas eux-mêmes éprouvées, ni aider réellement des gens qui proviennent d'un background différent du leur; à ceci, on peut répondre que parfois, les problèmes les plus difficiles à appréhender sont précisément des difficultés par trop similaires aux nôtres parce qu'en pareilles circonstances, les inévitables différences dans les réactions et affects entre autrui et nous risquent de semer le trouble dans notre esprit; en outre, ce qui ne nous est guère familier défie généralement notre curiosité et par là même éveille notre attention de façon plus complète. Deux remarques s'imposent toutefois : premièrement, si un élément psychologique est totalement étranger à notre vécu à un quelconque niveau, la fonction d'empathie en pâtira et l'anxiété pourra être suscitée, et deuxièmement, pour une meilleure efficacité empathique en consultation conjugale, le conseiller ou le psychothérapeute ont avantage à vivre eux-mêmes une vie conjugale et parentale.

### D. *Une maturité génitale adulte*

Le client ne peut en effet aboutir dans son évolution à un stade plus évolué de maturation que celui acquis par le psychothérapeute ou le conseiller dans leur développement psychogénétique.

### E. *L'humilité*

La possession de cette qualité rend moindre, chez le psychothérapeute ou le conseiller, la tentation de modeler la personnalité du client, soit sur la leur, soit sur une image de référence théorique extérieure à lui. L'existence de cette qualité chez le conseiller est particulièrement utile quand il s'agit pour lui de transférer à des spécialistes des clients qui présentent des troubles mentaux assez graves. Elle est indispensable pour ne pas adopter les attitudes qui ont été mentionnées plus haut comme inappropriées en approches centrées : en effet, l'adoption de la plupart d'entre elles procurerait des satisfactions d'ordre intellectuel et/ou affectif et pourrait donc alimenter le narcissisme du conseiller ou du psychothérapeute et/ou satisfaire chez eux des besoins psychologiques.

**F.** *La confiance en l'être humain quant à ses possibilités de développement psychologique*

L'acceptation des conceptions de base réclame la présence de cette qualité.

**G.** *Une connaissance de soi nettement supérieure à celle des personnes qui n'ont pas mission d'aider autrui de façon intensive sur le plan psychologique*

Ce point sera développé dans l'appendice de cet ouvrage.

Le seul comportement verbal que le psychothérapeute ou le conseiller s'autorisent en approche centrée consiste en réponses-reflets, aussi qualifiées de compréhensives ou d'empathiques. Par ces attitudes verbales, ils visent, après avoir bien saisi, en profondeur et à différents points de vue mais surtout sur le plan affectif, la totalité de la communication de leur client, à la lui reformuler de telle sorte qu'il se rende compte qu'il est réellement compris.

On réalise facilement qu'en psychothérapie ou relation d'aide psychologique peu de gratifications sont offertes au client et pourtant, dans ces disciplines, la frustration est envisagée de façon positive : elle possède un rôle constructif étant donné que le renoncement au désir de réalisation immédiate est facteur de maturation.

Maintenant que sont connus les principaux types possibles d'attitude dans le dialogue interpersonnel, il est intéressant d'exposer les résultats d'une étude réalisée par PORTER, E. H. et qui avait pour but d'apprécier les effets sur autrui de ces différents comportements :

— Les comportements de décision, direction, menace, conseil, ainsi que ceux d'aide et de soutien à l'égard d'autrui entraînent chez lui un accroissement de la dépendance vis-à-vis de tiers, des conflits et du système défensif et une diminution du sens des responsabilités, des possibilités de communication et de l'angoisse.

— Les attitudes évaluatrices provoquent les mêmes effets mais de façon plus nette encore.

— Les comportements d'investigation, d'enquête sont assez ambivalents quant à leurs effets : ils suscitent notamment aussi bien de la dépendance qu'un sentiment de libération. Ces attitudes sont plus fréquentes chez les psychologues que dans le public en général.

— Le comportement d'interprétation entraîne également des conséquences assez différentes, l'angoisse peut aussi bien être apaisée que fouettée. Cette attitude peut faciliter la communication ou être employée pour se mettre en surplomb par rapport à autrui.

— Les comportements compréhensifs ou empathiques provoquent des effets inverses de ceux entraînés par les deux premiers types d'attitude mentionnés. Il peut paraître étrange qu'en psychothérapie ou relation d'aide psychologique une attitude compréhensive ou empathique accroisse l'angoisse; ce phénomène ne s'observe en fait que dans les débuts de la prise en charge quand le client, probablement pour la première fois dans sa vie, se sent constamment renvoyé à lui-même, alors qu'il s'attendait à être « pris en main »; par après, l'anxiété s'apaise lorsque se font sentir les autres effets des comportements empathiques ou compréhensifs.

Avant de décrire les différentes modalités de l'attitude empathique ou compréhensive, il nous a semblé utile d'exposer quelques notions sur les processus de communication. Pour que la relation d'aide psychologique ou la psychothérapie soient fructueuses, il importe que le conseiller comprenne la nature et le contenu de la communication du client. La façon de communiquer peut être verbale ou extra-verbale et dans ces deux cas, être soit directe, soit indirecte. Le plus souvent, divers types de communication sont employés dans un entretien.

La communication verbale directe est généralement adoptée par le client quand les difficultés sont claires, superficielles, peu chargées sur le plan des affects et ne concernent pas ses besoins psychologiques de base. Généralement, le client entrevoit déjà la solution de ses problèmes. Quand cette façon de communiquer est employée par le client, la relation d'aide psychologique (ou psychothérapie) ne possède pas un caractère vraiment personnel, prend une allure de soutien et dure peu.

La communication verbale indirecte constitue le type d'attitude le plus fréquemment employé en relation de conseil ou psychothérapie. Le discours tend, sans y réussir vraiment, à camoufler les éléments cognitifs et les affects qui sous-tendent les réelles difficultés. Le psychothérapeute ou le conseiller auront à déceler les indices révélateurs des difficultés que le client ne perçoit que préconsciemment.

Ce seront les réponses-reflets de l'ensemble de ce qui est révélé qui susciteront chez le client des prises de conscience. Cette tendance à masquer les facteurs affectifs est ambiguë parce qu'elle est généralement imprégnée d'un besoin de se manifester affectivement. Un dialogue où la communication verbale indirecte est à l'avant-plan est évidemment « infiltré » d'importants éléments émotionnels. Le client emploie ce type de communication pour éviter l'abord direct assez humiliant à employer quand il s'agit d'exposer des éléments personnels. Si le conseiller ne fait pas le reflet verbal désiré portant en profondeur sur le message réel, il est possible que le consultant nie l'existence chez lui de facteurs, de requêtes implicites. La communication verbale indirecte peut être utilisée dans le discours écrit, en particulier dans la correspondance par exemple, où le lecteur perspicace devra parfois lire « entre les lignes ».

Les clients peuvent aussi communiquer par des moyens extra-verbaux clairs. Il s'agit en général de personnes tendues et anxieuses. Ils adoptent ce mode expressionnel quand ils perçoivent une menace quelconque dans la communication verbale. Comme exemples de manifestations communicatives de ce type, on peut mentionner les pleurs, le rire, les attitudes corporelles traduisant les variations momentanées de l'humeur, etc... Certaines de ces manifestations ont pour but d'exercer une pression sur le conseiller. En communiquant ainsi, le consultant est en règle générale assez conscient de ses difficultés. Les qualités du conseiller ou psychothérapeute, ci-dessus mentionnées et transmises dans la relation, favorisent chez le client les expressions de cet ordre, car elles libèrent le contrôle de ses affects et rendent moindre l'utilisation de ses défenses; l'emploi de ces expressions amène, en général, un état de relaxation chez le consultant. Le dialogue extra-verbal se situe évidemment plus au niveau émotionnel qu'intellectuel. Généralement, plus un client adopte ce mode d'expression, plus graves sont ses difficultés, plus bas se situe son seuil de tolérance à la frustration et au stress. L'aide psychologique devra sans doute être plus intensive et de durée plus longue.

La symptomatologie d'allure organique peut aussi être employée pour transmettre un message dont le consultant n'a guère conscience et dont le passage difficile au niveau du conscient au cours d'une aide psychologique longue et intensive se caractérise la plupart du temps par une décharge affective très importante. Les symptômes employés sont les manifestations d'apparence somatique des différentes névroses. C'est un psychothérapeute qui doit prendre en charge les clients qui communiquent par cette voie. Chez ces personnes, à l'avant-plan du tableau, se situent généralement une revendication d'affection impossible à obtenir par d'autres moyens et une extrême dépendance à l'égard d'autrui, avec comme corollaire une recherche de réassurance. Quand ces personnes emploient la communication verbale, c'est généralement la forme indirecte qui est utilisée.

Dans les situations interpersonnelles privilégiées, par exemple en psychothérapie ou relation de conseil, la communication indirecte, verbale ou non, est adoptée plus fréquemment que dans les relations sociales plus impersonnelles où les expressions directes de la communication sont plus utilisées. Dernière remarque à propos de la communication : dans toute relation interpersonnelle, chacun est à l'écoute de tout ce qui chez l'autre peut véhiculer un message et, par sa manière d'y réagir, suscite partiellement les communications de l'autre.

Le conseiller ou le psychothérapeute doivent par la réponse-reflet renvoyer au consultant le message communiqué. Le principe fondamental de la réponse-reflet est à mettre en rapport avec l'empathie à manifester : il s'agit de saisir chez un client, dans une attitude verbale ou comportementale, ce qui y semble dominant et de le lui transmettre.

Les éléments dominants d'un message peuvent, nous venons de le voir, être masqués par la forme même de celui-ci. Il faut veiller soigneusement à refléter les éléments qui dominent et non pas des facteurs accessoires. Si on reflétait ceux-ci, on émettrait généralement un jugement psychologique d'intérêt ou d'utilité pouvant être facilement perçu soit comme une tentative d'investigation, soit même comme une interprétation au sens large.

Il existe trois modalités de la réponse-reflet. Il est utile de les répartir de façon harmonieuse dans l'entretien; en effet, si on n'utilisait qu'une seule variété du reflet, le consultant percevrait à la longue, dans l'attitude verbale du conseiller, une dimension quasi mécanique et pourrait ainsi avoir la désagréable impression d'être l'objet d'une manipulation.

La première variante de la réponse-reflet est la réitération qui consiste à répéter purement et simplement les paroles du client. Ceux qui n'ont que de vagues notions au sujet des approches centrées caricaturent souvent ces dernières en réduisant leur méthodologie à ce seul élément. Au début de la prise en charge notamment, la restitution au consultant de ses propres dires est salutaire en soi; en effet : dans les relations courantes, il a généralement l'habitude d'être arrêté et contredit; la réitération instaure pour lui une relation horizontale qu'il n'a, sans doute, jamais connue; la répétition est utile quand le discours du client est long et descriptif; elles ponctuent alors l'entretien, l'empêchant souvent de former un tout au bout duquel une demande de directives ou d'orientation aura lieu. Ce comportement est toutefois difficile ou impossible à adopter quand le débit du consultant est très rapide.

Le reflet des affects représente la forme principale des réponses empathiques ou compréhensives. Le terme « affect » s'en réfère à des ressentis émotionnels, vécus intérieurement ou manifestés. Chez un sujet, les affects sont très souvent en connexion avec les besoins psychologiques de base, le système défensif, les perceptions suscitées par des stimuli extérieurs à lui et les significations trouvées dans l'interaction avec des éléments étrangers. C'est essentiellement l'aspect chroniquement pénible des affects qui décide un client à chercher de l'aide sur le plan psychologique. Par cette deuxième modalité, la reformulation de la communication s'opère en termes différents de ceux employés par le consultant, tout en gardant une identité de signification. Il est possible de réaliser une réponse-reflet des affects, même si la forme de l'énoncé semble s'adresser à la facette intellectuelle de ce qui a été émis; on parlera volontiers en ce cas de clarification; bien entendu, les vocables employés doivent toujours être compréhensibles pour le client.

La dernière variété de la réponse-reflet est l'élucidation au moyen de laquelle le conseiller (ou le psychothérapeute) exprime ce qui peut logiquement être déduit de ce qui a été transmis. Dans cette catégorie de réponses peuvent rentrer les reflets portant sur des énoncés ou attitudes émanant du consultant et qui sont séparés dans le temps, mais ayant entre eux d'évidentes connexions; l'élucidation prend alors une allure de confrontation; dès lors, elle peut devenir menaçante et en conséquence provoquer l'apparition de résistances et mobiliser des mécanismes de défense. L'élucidation, du fait de son caractère plus ouvertement perspicace et intuitif que celui des autres réponses-reflets, pourrait amener le conseiller à trouver en elle des satisfactions narcissiques et ses clients à facilement le percevoir comme ayant une compétence manifeste. Si l'élucidation est trop fréquemment adoptée, un certain danger existe à la longue de favoriser chez les consultants l'apparition d'un état de dépendance et par le fait même les attitudes transférentielles.

En approche centrée, le nombre d'interventions du conseiller ou du psychothérapeute peut être important, à condition que leur durée soit brève.

\* \* \*

La psychothérapie (ou relation d'aide psychologique) centrée agit sur le client essentiellement comme suit :

— En reflétant non seulement ce que le consultant a cru émettre, à savoir la partie rationalisée de son message, mais la totalité de la communication réellement transmise, le psychothérapeute ou le conseiller permettent au client de mesurer la distance entre ce que les premiers ont perçu et ce qu'il a pensé avoir communiqué. La perception de celle-ci permet des découvertes et des prises de conscience enrichissantes. Le consultant émet en réalité toujours plus que ce qu'il ne s'autorise à livrer; il n'ose pas ou ne veut pas tout communiquer consciemment, mais son inconscient le trahit la plupart du temps.

— Par ailleurs, le client tend à s'identifier à son conseiller ou psychothérapeute, à incorporer, adopter ses attitudes et comportements. On comprendra aisément l'importance prise dans ce cadre par la personnalité du conseiller. La psychothérapie ou relation d'aide psychologique agissent en partie par la voie du conditionnement. Le consultant élabore avec le psychothérapeute ou le conseiller de nouveaux modes de relation, différents et meilleurs, si on les compare à ceux qui ont été adoptés par lui antérieurement dans sa vie, notamment aux premières relations objectales paren-

tales. Ce processus de reconditionnement est particulièrement net lorsque le problème du client se situe au niveau
surmoïque; le nouveau conditionnement a lieu grâce aux
attitudes (différentes de celles des parents) prises par le
conseiller ou le psychothérapeute. Ce processus d'identification chez le consultant ne sera pleinement bénéfique
que dans la mesure où le conseiller transmet dans la relation
les qualités qui ont été décrites et s'abstient des attitudes
inadéquates. En étroit rapport avec ce qui précède, on
a constaté que les verbalisations du psychothérapeute ou
conseiller et du client augmentent en similitude au fil du
temps quand la relation est réellement significative.

— Enfin, les qualités (tolérance, empathie, etc...) que
le psychothérapeute ou le conseiller se doivent de transmettre
dans la relation sont bénéfiques en elles-mêmes.

$$* \overset{*}{\phantom{.}} *$$

La méthodologie des approches centrées vient d'être
décrite dans toute sa rigueur. Les hommes semblent plus
aptes que les femmes à s'y conformer. Ce qui paraît essentiel
dans l'attitude psychothérapeutique ou de relation d'aide
psychologique est ce que FREUD, S. désigne du terme
« gelassenheit » et qui trouve son correspondant en approche
centrée dans le respect bienveillant de la pensée et du rythme
propre du consultant.

En consultation familiale et conjugale, la « technique »
doit en principe rester identique quel que soit le problème
présenté, familial, conjugal ou sexuel. Néanmoins, il existe
une série de circonstances qui imposent un assouplissement,
surtout au départ de la prise en charge. Les principales
circonstances où un écart méthodologique doit être envisagé
sont les suivantes :

a) Quand existe chez le client, au début de la relation de conseil ou psychothérapie, une anxiété ou une inhibition trop importante.

La réponse-reflet compréhensive est au départ de la prise en charge psychologique facteur d'anxiété dans la mesure où elle renvoie constamment le client à lui-même. Si cette source d'anxiété inhérente à la méthode vient s'ajouter à d'importants éléments anxiogènes préalables chez le consultant, le vécu subjectif de ce dernier peut devenir intolérable. En pareil cas, le client n'est pas toujours suffisamment libre pour bien percevoir l'empathie du conseiller ou du psychothérapeute; si le conseiller est débutant, cette perception risque d'être encore moindre du fait que, souvent, celui-ci se centre trop sur les aspects « techniques » de son approche au détriment de son contact. Le client angoissé, face à un conseiller emmuré dans sa méthodologie, peut ressentir une impression dramatique de mise à distance. D'ailleurs, même dans des circonstances ordinaires, le fait, chez un conseiller, de s'accrocher sans souplesse à une méthodologie est souvent l'indice d'une attitude d'isolement défensif allant à l'encontre même du contact empathique qu'il est censé offrir à son consultant. Pour un conseiller, la souplesse méthodologique revient en pratique à se sentir à tout moment « à l'aise » face à son client, sans se poser à chaque instant la question du comportement à adopter; la souplesse affective est également souhaitable. Lorsque cette première circonstance se présente, pour que le consultant devienne plus spontané et moins inhibé dans son expression, le conseiller ou le psychothérapeute, tout en faisant preuve de présence et de grand intérêt et sans manifester d'indice de compétence ou d'autorité, devront par exemple structurer explicitement la relation, poser parcimonieusement certaines questions portant principalement sur l'état émotionnel de leur client, verbaliser pour ce dernier ce qu'il trouve difficile à structurer de façon cohérente; il serait néanmoins regrettable d'oublier que si l'emploi de questions est abusif, en d'autres termes si celles-ci sont systématiques et répétitives, le consultant pourra croire qu'il n'aura jamais qu'à répondre à des questions et qu'après y avoir répondu, il sera dûment orienté.

*b)* Lorsque le conseiller ou le psychothérapeute en matière conjugale relèvent chez le consultant des indices de troubles mentaux graves (par exemple, des anomalies dans le comportement ou dans le cours de la pensée).

L'entretien doit alors prendre le style d'une interview psychiatrique, mais pas en totalité cependant, car le client ne consulte pas a priori pour des troubles mentaux. Il s'agit pour le conseiller de ne pas laisser s'engager dans ou poursuivre une relation d'aide psychologique ou psycho-thérapie des personnes qui relèvent d'une approche psychiatrique.

*c)* Lorsque le client vient d'être bouleversé par un événement vraiment catastrophique et se trouve au premier entretien dans un état de profond désarroi.

Dans ce cas, le conseiller ou le psychothérapeute ne pourront guère agir autrement qu'en dédramatisant de façon plus ou moins active la situation; aucune relation d'aide psychologique (ou psychothérapie) ne pourra commencer avant que ce processus n'ait eu lieu; à ce moment, une ou plusieurs abréactions avec passage des éléments du drame au niveau du discours se produisent souvent chez le consultant à condition que le conseiller reste équanime dans sa participation affective.

*d)* **Quand** sont formulées des demandes d'information ou d'ordre technique sur la famille, la sexualité ou la **conjugalité.**

Le psychothérapeute ou le conseiller doivent leur donner réponse, au besoin adresser le client à un autre expert, avant d'envisager la question des requêtes implicites ou de continuer la relation d'aide psychologique entreprise. Du fait qu'en consultation conjugale ce genre de demande est assez souvent présenté, il est nécessaire que le psychothérapeute ou le conseiller en matière conjugale et familiale aient acquis au cours de leur formation de sérieuses connaissances sur les sujets en question. Ces notions, outre leur utilité quand des demandes d'ordre technique ou d'information sont formulées par le consultant, peuvent augmenter la qualité de l'empathie du conseiller ou du psychothérapeute; en effet, dans certaines circonstances, mieux ils sont informés, plus rapidement ils saisiront les différentes coordonnées de ces dernières et donc plus ils pourront se montrer empathiques.

Une information ou une réponse d'ordre technique est plus facilement acceptée si le contact est bon entre le psychothérapeute ou le conseiller et le client, quand ce dernier se perçoit de façon positive malgré ses difficultés, si l'information ou les réponses d'ordre technique sont en rapport chez le consultant avec des insatisfactions psychologiques et quand l'anticipation par ce dernier de l'emploi des données reçues ne le bouleverse pas.

Si le client discute une réponse d'ordre technique ou une information niant par exemple son bien-fondé, il serait maladroit de la part du conseiller de manifester des signes d'irritation.

En consultation préconjugale, les demandes d'information ou d'ordre technique sont beaucoup plus importantes qu'en consultation conjugale.

Des demandes de cet ordre peuvent être induites par la profession principale du conseiller (médecine, droit, etc...).

Le terme « Guidance » est employé par les Anglo-Saxons pour désigner la fonction d'apport au consultant d'informations personnalisées.

*e)* Lorsque le quotient intellectuel du client paraît faible et que cela semble chez lui à mettre en rapport avec un environnement socio-culturel défavorable.

Il a été dit plus haut qu'il ne fallait pas s'attendre à une évolution très marquée, en psychothérapie ou relation d'aide psychologique, chez les consultants dont le quotient intellectuel est faible. Toutefois, dans le cas envisagé ici, des possibilités d'apprentissage verbal relativement rapide peuvent se révéler si le conseiller ou le psychothérapeute se départissent au départ de leur méthodologie pour permettre au client d'acquérir de meilleures capacités sur le plan verbal.

*f)* Quand la « manipulation » de l'environnement peut réellement et directement aider le couple ou un des partenaires, par exemple, en cas de coexistence pénible avec la famille parentale d'un conjoint.

*g)* Quand les problèmes réclament une solution urgente.

Le conseiller ou le psychothérapeute devront alors donner certaines orientations mais jamais comme gratification aux demandes de leurs consultants. Par exemple, il leur faudra suggérer aux conjoints d'une façon assez directive une séparation transitoire si des tiraillements entre eux se traduisent par des passages à l'acte agressifs et dangereux.

*h)* Quand, lors des entretiens initiaux, le client révèle une ignorance importante de ce que requiert, de la part d'une personne, son engagement dans la conjugalité.

Cette méconnaissance est généralement liée à une immaturité affective due elle-même à une carence pédagogique. Ce facteur constitue un handicap notoire sur le plan des bénéfices éventuels des approches centrées. Le conseiller ou le psychothérapeute pourront toutefois tenter d'obtenir une maturation du consultant, en adoptant des attitudes à caractère éducatif; celles-ci doivent être distillées avec prudence car le client peut facilement s'installer dans un état de dépendance; il se pourrait d'ailleurs que celle-ci devienne mutuelle si le conseiller en arrivait à avoir besoin de son interlocuteur « enfant ». Manquer de souplesse dans ce cas en s'accrochant malgré tout à la méthodologie centrée reviendrait à rompre les ponts avec quelqu'un de particuliè-rement désemparé et fragile sur le plan psychologique. Pour le conseiller ou le psychothérapeute, la façon la plus adéquate d'agir ici est de progressivement frustrer le client de leurs attitudes pédagogiques, tout en s'adaptant avec souplesse aux oscillations évolutives du sujet.

*i)* Lorsqu'un douteur névrotique obsessionnel bute sur une « pré-décision » qui lui semble judicieuse mais qu'il ne parvient pas à transformer en décision réelle, le psycho-thérapeute ou le conseiller peuvent se permettre d'approuver, non afin d'évaluer en soi, mais pour lever l'obstacle.

De ce qui précède, on peut conclure que le coefficient d'écart méthodologique en consultation conjugale et familiale peut parfois être élevé.

Il faut enfin savoir que des attitudes en principe non avenues en relation d'aide psychologique centrées peuvent émaner du conseiller alors que les circonstances ne les réclament pas ; la fréquence de ces comportements inadéquats dépend de sa personnalité et de sa condition physique du moment, en particulier de son état de fatigue et diminue avec son expérience.

*⋆*

Envisageons à présent quelques aspects d'ordre pratique en psychothérapie ou relation d'aide psychologique; la plupart d'entre eux ne seront pris en considération que s'ils sont en rapport avec les principes et méthodes de la « centration » sur le client.

Un entretien dure, en général, de cinquante à soixante minutes. C'est souvent après ce laps de temps que des signes de fatigue apparaissent chez le consultant.

Le conseiller ou le psychothérapeute doivent se faire honorer car la gratuité peut être perçue comme incluse dans un contexte paternaliste à structure verticale; il y a bien entendu des cas d'espèce.

En ce qui concerne les horaires, le conseiller peut, s'il dispose d'un certain temps de liberté, laisser aux clients toute initiative à leur sujet. Si ces derniers sont assez nombreux, il faudra souvent que le psychothérapeute ou le conseiller fixent eux-mêmes les rendez-vous et s'en tiennent alors à un timing très strict (par exemple, si un consultant se présente en retard au rendez-vous, il leur faut diminuer le temps d'entretien de la durée du retard car les autres clients n'ont pas à pâtir de celui-ci); la directivité s'impose dans ce cas. Le respect des horaires convenus est un signe de maturité et d'attention aux autres. Il est souhaitable que tout psychothérapeute ou conseiller gardent deux ou trois heures libres par semaine, réservées à certains rendez-vous urgents, généralement initiaux; en effet, le premier entretien est assez souvent demandé à un moment critique et il est utile d'établir rapidement un premier contact, même si la prise en charge psychologique aura lieu à plus longue échéance; c'est dans cette perspective que sont organisées des permanences dans certains centres de consultation conjugale; ces permanences couvrent parfois les soirées et les week-ends (il y a sans doute, en ce cas, un certain déséquilibre entre les divers investissements réclamés par ce système de garde psychologique et le nombre effectif des sessions d'urgence). Parfois, les consultants demandent à changer l'heure de leur rendez-vous ; la raison peut en être impérieuse et pour des circonstances extérieures à l'aide psychologique, mais ces demandes de modification peuvent aussi représenter une manœuvre pure et simple visant soit le partenaire, soit le conseiller ou le psychothérapeute.

Une relation d'aide psychologique pour problèmes conjugaux chroniques ne peut être limitée à quelques entretiens avec un des partenaires ou les deux. Elle doit en principe, dans ces cas, s'étendre sur plusieurs mois ou années.

L'entretien doit se dérouler dans un local tranquille, où le client se sente à l'aise, sans crainte d'être dérangé ou entendu. Le changement régulier de local est à éviter.

Il est important de bien choisir les personnes d'accueil ; un sentiment d'insécurité peut être perçu par un consultant, par exemple quand la voix de la personne qui établit les premiers contacts est ressentie comme morne ou agaçante. On a constaté que, lorsque des conseillers remplissent la fonction d'accueil, le nombre de clients qui se présentent effectivement au premier entretien est plus important que d'ordinaire.

Les sièges occupés par le psychothérapeute ou le conseiller et leur interlocuteur doivent être les mêmes, cette identité symbolisant l'horizontalité de la relation.

Il ne convient pas que le client soit importuné par une luminosité trop intense, alors que le visage du psychothérapeute ou du conseiller se trouve dans une ombre relative, car le consultant pourrait alors se sentir épié et objectivé.

Il est recommandé de pratiquer sous l'une ou l'autre forme l'enregistrement de certaines données concernant l'entretien ; en effet, les éléments d'une interview ne se situent nullement « in abstracto » mais forment un « conti-

nuum » avec ceux des sessions précédentes et suivantes ;
la mémoire seule n'est pas suffisante pour que soient retenues
les diverses productions du client tout au long de sa prise
en charge ; avant un entretien, il est en général utile pour
le conseiller ou le psychothérapeute de s'en référer à ce
qui a été précédemment consigné ; disposer d'éléments
précis est d'une utilité particulière en cas de transfert
du consultant à un spécialiste d'une autre discipline, ce
dernier devant recevoir un minimum d'explications à propos
de son intervention. Selon nous, il vaut mieux enregistrer
les données pendant l'entretien qu'après ; en résumant un
entretien, le risque est grand que soient annotés seulement
les facteurs qui ont paru pertinents ; la sélection ainsi opérée
aura souvent un aspect arbitraire, d'autant plus qu'interviennent aussi les capacités de mémorisation du conseiller
ou psychothérapeute : certains éléments pourront avoir été
oubliés, être reproduits de façon inexacte, sans les nuances
qui les accompagnaient, ou mal situés dans l'entretien ;
en tout cas, si on adopte la reproduction d'éléments après
les interviews elles-mêmes, celle-ci doit avoir lieu le plus tôt
possible ; le fait de consigner les données après l'entretien
peut toutefois être avantageux sur le plan de la communication pendant celui-ci, à condition que l'attention du
conseiller ou du psychothérapeute ne soit pas dispersée
au cours des interviews par une réflexion continue sur
l'opportunité de transcrire par après les éléments sur
lesquels ils sont censés se concentrer à chaque instant
au bénéfice de la relation elle-même. L'enregistrement
intégral sur bande magnétique, avec accord du client, est
d'une grande utilité non seulement parce qu'il permet de
consigner de façon assez complète les données des entretiens,
mais aussi parce que le psychothérapeute ou le conseiller
ont ainsi la possibilité de faire réécouter au consultant
des séquences ou entrevues enregistrées, soit personnelles,

soit conjointes; ce dernier peut ainsi procéder à certaines comparaisons, prendre conscience de ce qu'il a réellement dit, réamorcer le dialogue sur un plan plus authentique en cas de rationalisation excessive, de blocage important ou d'interruption prolongée des entretiens suite à un empêchement matériel ou psychologique; on appelle ce procédé « technique du play-back »; rares sont les clients qui refusent l'emploi de cette technique, même s'il leur est signalé que le matériel enregistré servira d'instrument didactique pour des personnes en formation. L'emploi de la télévision en circuit fermé augmente de façon substantielle les avantages précités.

Certains centres travaillent, au moins en partie, dans l'anonymat absolu : le conseiller ne connaît pas le nom du consultant et réciproquement. L'anonymat bilatéral présente d'évidents avantages mais il donne à la relation une forme un peu impersonnelle susceptible d'entraîner chez le client une certaine insécurité.

Quelles sont les étapes successives d'une relation d'aide psychologique ou psychothérapie en matière conjugale et familiale?

Le client est accueilli par une secrétaire, une assistante sociale, une hôtesse ou un conseiller.

Les deux tâches à accomplir ensuite sont d'une part la constitution du dossier de base et d'autre part l'établissement d'un diagnostic.

Pour ce faire, un ou plusieurs entretiens sont nécessaires.

L'établissement d'un dossier a pour but premier de recueillir un minimum de données au sujet du consultant. Les éléments qui y sont consignés pourront aussi être utilisés à des fins scientifiques ou statistiques. Le dossier idéal en consultation conjugale est divisé en quatre volets.

Le premier comporte un certain nombre de coordonnées d'identification du client; ce volet peut être rempli par les personnes d'accueil.

La seconde partie consigne des données anamnésiques psychologiques et éventuellement organiques ainsi que des éléments descriptifs de la personnalité du sujet. L'anamnèse psychologique pourra amener le consultant à prendre conscience du fait que ses difficultés datent d'avant son engagement conjugal, de sa prime enfance peut-être.

La troisième section du dossier a trait à la vie conjugale, officielle ou non, et à la sexualité du client (comportement, ressenti et éventuellement connaissances en la matière). En principe, les questions sexuelles ne doivent pas être abordées au premier entretien, sauf, bien entendu, si le consultant en parle spontanément.

Dans la dernière partie du dossier, seront consignés des éléments relevés au cours des différents entretiens (tels les énoncés du client qu'il est intéressant de transcrire comme ils ont été émis), les impressions du conseiller ou psychothérapeute au sujet des difficultés conjugales de leur interlocuteur, leurs observations à son propos (par exemple, les moments de silence, ses expressions, etc...), les décisions de consulter à son sujet tel type de spécialiste ou de transférer provisoirement ou définitivement le consultant, le résultat des tests psychologiques éventuels etc...

Un ou plusieurs questionnaires auxquels le client répond lui-même peuvent former le dossier initial. Quand cette méthode est adoptée, il est préférable que le consultant remplisse le ou les questionnaires après le premier entretien, soit au centre, soit même à domicile, car, après l'interview initiale, d'éventuels vécus anxieux et attitudes défensives peuvent déjà être moindres. L'emploi de questionnaires présente des limites :

— Le client peut, consciemment ou inconsciemment,

donner des réponses inexactes. Le consultant doit savoir que le fait de répondre au(x) questionnaire(s) lui donne l'occasion d'exprimer des sentiments et idées, qu'il a jusqu'alors trouvé difficile d'énoncer correctement.

— Un questionnaire n'est pas un test projectif; généralement, son emploi ne permettra de recueillir que des éléments conscients.

— Les réponses exactes ou non d'un client à un questionnaire peuvent avoir mobilisé chez lui différents affects d'importance variable qui ne sont évidemment pas ventilés.

— Par l'usage de questionnaires, le consultant adopte la plupart du temps l'intellectualisation comme mécanisme de défense.

L'utilisation de questionnaires peut servir d'amorce à une relation significative, notamment chez des personnes très inhibées qui, au départ, préfèrent s'exprimer par écrit, de façon assez impersonnelle, plutôt que verbalement dans un face à face relationnel; chez un client, la désinhibition par ce moyen rendra plus facile l'analyse des facteurs affectifs colorant les réponses au(x) questionnaire(s).

Les questions sur le comportement sexuel sont souvent insérées dans des questionnaires abordant de façon plus globale la vie conjugale. Ce type de questionnaire fournit au consultant l'occasion d'acquérir un vocabulaire plus précis en ce qui concerne la sexualité. Par ailleurs, ils peuvent diminuer l'anxiété du client dans la mesure où la lecture de certaines questions ou de certains items de réponse lui permet de réaliser que d'autres personnes ont des expériences similaires aux siennes. Comme exemple de questionnaire employé en consultation conjugale, le lecteur trouvera, en annexe II de cet ouvrage, la presque totalité du « Marital Information Form » de NASH, E. M.

La constitution du dossier suscite rapidement chez le client une réflexion sur lui-même qui favorisera les prises de conscience; en outre, elle accélère le processus de connaissance du consultant par le conseiller ou le psychothérapeute qui pourront de ce fait manifester une meilleure empathie.

Par l'établissement du diagnostic, on évalue l'état mental du client. Les cas franchement pathologiques doivent être transférés, généralement à un psychiatre. On n'insistera jamais assez sur le fait que n'importe quel type de malade mental, une personne atteinte de schizophrénie paranoïde par exemple, peut « se glisser » dans une consultation conjugale.

A titre indicatif, voici la répartition, en fonction de leur diagnostic, de 108 personnes qui, au cours d'un laps de temps déterminé[1], s'étaient présentées au départ à notre consultation, pour raisons conjugales sexologiques ou familiales.

## Situation « conflictuelle » conjugale pure

*(exception faite des cas d'impuissance, de frigidité, de dyspareunie ou de déviance sexuelle)* . . . . . . . . . . . 36 cas
Impuissance . . . . . . . . . . . . . . 18 cas
Frigidité et dyspareunie . . . . . . . . . 14 cas
Syndrome dépressif . . . . . . . . . . . 9 cas
Schizoïde et schizophrénie . . . . . . . . 6 cas
Hystérie . . . . . . . . . . . . . . . 7 cas
Situation « conflictuelle » préconjugale . . . . . 5 cas
Déviance sexuelle . . . . . . . . . . . . 5 cas
Obsession . . . . . . . . . . . . . . 3 cas
Immaturité affective . . . . . . . . . . . 2 cas
Hypomanie . . . . . . . . . . . . . 1 cas
Névrose d'abandon . . . . . . . . . . . 1 cas
Toxicomanie . . . . . . . . . . . . . 1 cas

[1] Ce qui explique le nombre précédent.

Si le conseiller ou le psychothérapeute qui s'occuperont de l'éventuelle prise en charge ont aussi à constituer le dossier initial et établir le diagnostic, leur attitude sur ce dernier plan doit être très nuancée : l'investigation ne peut être aussi importante que celle d'un psychiatre et doit seulement avoir lieu quand des signes de pathologie sont manifestés spontanément par le consultant, puisqu'en consultation conjugale le conseiller ou le psychothérapeute a priori postulent tout au plus chez le client l'existence d'une morbidité névrotique ouverte. Le conseiller sera d'autant plus handicapé dans l'établissement du diagnostic qu'il n'a pas bénéficié d'une véritable formation psychiatrique. Si le conseiller ou le psychothérapeute ont dû être assez investigateurs mais qu'une prise en charge psychiatrique n'a pas été jugée nécessaire, il leur faudra alors modifier progressivement le style de leur discours en passant de celui de l'entretien semi-dirigé au comportement propre à la psychothérapie ou à la relation d'aide psychologique centrées. Le conseiller doit aussi être prudent dans l'appréciation de la symptomatologie quand certains affects sont manifestés de façon si intense qu'ils pourraient laisser croire à l'existence chez le consultant de troubles mentaux sévères ; ces manifestations peuvent être en grande partie dues à l'aspect nouveau et très particulier de la situation psychothérapeutique ou de conseil : il est probable que les clients se présentent très différemment dans leur milieu habituel, familial ou de travail ; les symptômes les plus susceptibles de faire l'objet d'évaluations inexactes sont la labilité émotive et l'agressivité ; ils peuvent constituer des moyens de décharge de tensions nerveuses longuement accumulées ; parler en ces cas de dépression nerveuse ou de paranoïa par exemple serait peu judicieux. Idéalement, le diagnostic en consultation conjugale devrait être établi par un psychiatre, un psychothérapeute ou un psychologue clinicien.

De plus, il est souhaitable que le dossier soit constitué et le diagnostic établi par une personne autre que celle qui s'occupera de l'éventuelle psychothérapie (ou relation d'aide psychologique) et ce malgré la frustration inhérente au changement de personne; l'aspect investigateur de ces fonctions faisant partie du cadre de référence du sujet qui s'en occupe contraste fort avec les attitudes qui seront adoptées dans la suite où le comportement du conseiller ou du psychothérapeute sera uniquement fonction du cadre de référence du consultant; si la même personne manifeste à l'égard du consultant des attitudes aussi différentes, ce dernier risque fort d'être très dérouté, particulièrement perplexe, manifester des signes de résistance ou de trouver leur interlocuteur antipathique.

Par quoi sont marqués les débuts de la prise en charge psychologique ? Le client examine la situation et évalue son psychothérapeute ou son conseiller en une appréhension globale; cette estimation de l'autre est en fait réciproque; à partir de la première appréciation du consultant par le conseiller ou le psychothérapeute peut déjà s'établir un certain pronostic. La plupart du temps, les clients s'attendent à des attitudes directives chez celui qu'ils consultent. Cette attente pourrait être éliminée par une structuration explicite de l'entretien : malheureusement celle-ci fait l'objet de sérieuses réserves en méthodologie centrée. Les sentiments et attitudes du consultant à ce moment sont fonction non seulement de ses difficultés mais aussi de ses attentes, de ses craintes ainsi que de son évaluation de la personne du conseiller ou du psychothérapeute. Ces principaux comportements et affects sont les suivants :

Le client peut présenter une allure dépressive, éprouver des sentiments de honte et d'humiliation suite à l'échec dans un important secteur de sa vie personnelle ou du simple fait de devoir consulter, ce qui peut amener chez lui, au cours de l'entretien, de longs silences embarrassés ; il se pourrait qu'il paraisse inhibé, timoré, n'osant prendre la parole, quoique désirant s'exprimer ; certains consultants se montrent distants et d'autres, mais plus rarement, de contact facile et chaleureux ; il existe des clients qui adoptent d'emblée une attitude séductrice ou agressive ; le conseiller ou le psychothérapeute les verront généralement sur la défensive, se disculpant avec aplomb sans du tout se mettre en question mais l'attitude inverse peut aussi s'observer ; quelquefois, les consultants envisagent la situation avec une désinvolture apparente ou réelle ; certains d'entre eux sont calmes et d'autres, perplexes et anxieux, soit parce qu'ils voient sombrement leur avenir conjugal, soit parce qu'ils ignorent en quoi va consister la psycho-thérapie ou la relation d'aide psychologique ; les sentiments à l'égard du partenaire se manifesteront assez rapidement et ils sont, en règle générale, très ambivalents ; des signes d'amertume s'observent parfois ; sur le plan du discours, le client peut ne pas se contrôler, se montrer pondéré, logorrhéique, manifester des difficultés d'expression, suite à une lenteur d'idéation par exemple, ou discourir en dépit d'une intention préalable de rendre son exposé clair, de façon plus répétitive ou incohérente qu'il ne l'aurait cru, ce phénomène étant en partie dû au fait que le conseiller (ou le psychothérapeute) respecte les silences et écoute son consultant avec une attention toute particulière ; pour s'accorder une certaine réassurance, le client peut affirmer sa certitude que son interlocuteur a déjà rencontré des cas semblables au sien ; parfois, il signifiera cependant qu'il estime uniques ses difficultés ; certains consultants émettent des doutes quant à l'aide qu'ils pourraient recevoir ou déclarent carrément sur un ton un peu méprisant, qu'ils ne seront pas aidés; d'autres formulent leur demande de façon coercitive, sans s'occuper des moyens qui seront employés pour y répondre; des propos flatteurs sont parfois émis à l'égard du centre, du conseiller ou du psychothérapeute mais des sentences péjoratives peuvent aussi être proférées, notamment quant à la valeur de la psychothérapie ou de la relation de conseil.

La description qui précède n'a évidemment rien d'exhaustif.

Si on envisage le contenu des entretiens de départ, sa dynamique peut se résumer comme suit :

Un des conjoints ou les deux se présentent le plus souvent quand la situation est réellement périlleuse et après avoir eu recours aux moyens qui lui ou leur étaient facilement et directement accessibles. Certains partenaires sont envoyés par un juriste; ce canal d'admission est un indice sombre sur le plan du pronostic, étant donné l'extrême ambivalence habituelle de la demande en ces cas : désir de séparation ou de divorce allant de pair avec une tentative de conciliation. En règle générale, lors des premiers entretiens, un conjoint ou les deux mettent l'autre en accusation et ce bien souvent en toute bonne foi. Les descriptions qu'ils font de la situation qu'ils vivent et de leurs affects sont généralement assez confuses. Le consultant est souvent dans un état de perplexité. Signalons aussi que la plupart du temps s'observent chez les clients, au début de la prise en charge, des signes d'irritation, de tension nerveuse, interne ou extériorisée, conséquence de la situation « conflictuelle » vécue par eux. Parfois, des symptômes fonctionnels ou présentant une allure organique traduisent l'existence d'un conflit conjugal ou sont utilisés pour exercer sur le partenaire un certain contrôle. L'énumération des griefs et les accu-

sations initiales sont déjà révélatrices sur le plan de l'aspect
et du sens du conflit conjugal. La mise en question de l'autre
et l'exposé des reproches par le client s'accompagnent de
ou sont suivis par d'habiles démonstrations du fait qu'il
n'est pas englobé dans les difficultés. Quand un des partenaires ne veut pas consulter, on peut souvent en conclure
que l'attitude décrite ci-dessus chez le consultant est encore
plus nette chez le premier, sauf si c'est par amour-propre
qu'il ne consulte pas ou s'il estime avoir des problèmes
une vue suffisamment claire. On peut donc affirmer qu'au
départ, le client en consultation conjugale appréhende
souvent la situation comme étant similaire à une consultation
juridique. En règle générale, ces comportements se manifestent pendant quelques entretiens mais si ces attitudes
perdurent longtemps, il faut alors suspecter chez le client
l'existence d'un caractère paranoïaque plus ou moins
prononcé, auquel cas il vaut mieux mettre un terme à la
relation d'aide psychologique (ou la psychothérapie) ou
transférer le consultant à un psychiatre si cela s'avère
possible, les paranoïaques s'estimant, la plupart du temps,
parfaitement sains sur le plan mental. La méthodologie
de la psychothérapie ou du conseil centrés n'autorise pas
un essai d'évaluation des torts, d'ailleurs sans valeur sur
le plan de la maturation psychologique; cette appréciation
serait impossible la plupart du temps; le discours du
consultant est fréquemment sous-tendu par des fantasmes
et n'a pas toujours de rapport avec la réalité objective. Ces
comportements initiaux chez les clients signifient simplement
que les difficultés ne sont pas claires et que la situation
conjugale est pesante ou gênante. En règle générale, les
manifestations de soulagement et de détente provoquées
par les attitudes et qualités ci-dessus décrites apparaissent
rapidement. Assez tôt également peuvent se percevoir
chez le client des indices positifs quant à son évolution

personnelle et la solution de ses difficultés ainsi qu'un
« vouloir » orienté dans ce sens.

Le premier problème que doivent affronter le conseiller
ou le psychothérapeute lors de la prise en charge psychologique est celui de la structuration de celle-ci. Structurer
un entretien consiste à décrire explicitement au client le
rôle des deux pôles relationnels. Par la structuration explicite, une certaine direction et limitation sont imposées au
consultant : la structuration, représentant en quelque sorte
les règles du jeu, comporte un aspect de manipulation
inhérent à la méthodologie adoptée. Certains auteurs
estiment qu'il est préférable d'adopter une structuration
explicite au nom des besoins de sécurité du client (qui sait,
par elle, ce à quoi il peut s'attendre); une attitude aussi
libérale que l'abstention de structuration explicite pourrait
être interprétée comme un rejet. Par ailleurs, certains
conseillers sont mal à l'aise en l'absence de structuration
explicite.

En psychothérapie ou en relation d'aide psychologique
centrées, on évite de structurer explicitement les entretiens.
Dans ce type de relation, la structuration explicite reviendrait
approximativement à dire ceci au client : « Parlez-moi de
tout ce que vous voulez ou même ne parlez pas : vous êtes
entièrement libre et, en dernière analyse, la seule personne
capable de vraiment vous comprendre et c'est en grande
partie à vous que sera due votre éventuelle amélioration.
De mon côté, je reformulerai au mieux les différents messages
que vous me transmettrez. »

Pourquoi renoncer à pareille structuration ?

— Tout d'abord parce que l'entretien risque de se
transformer en discussions sur la psychologie ou la psychothérapie, en échanges intellectuels où le psychothérapeute
ou le conseiller, étant donné leur supériorité théorique,
risquent de se voir rapidement assigner une compétence

particulière dans des questions touchant à leur activité avec comme conséquence un danger de dépendance des clients à leur égard.

— En second lieu, il y aurait une certaine contradiction avec les principes de base en approches centrées si on y définissait explicitement les rôles de chaque protagoniste : on affirmerait verbalement que l'initiative appartient au client tout en proférant en réalité des paroles à contenu directif; comme le dit très judicieusement KINGET, G. M., on imposerait en quelque sorte la liberté.

— Enfin, structurer un entretien centré laisse le client particulièrement perplexe; en effet, en lui disant : « Vous êtes la seule personne vraiment bien placée pour résoudre vos problèmes », il va s'interroger sur le sens de sa démarche en consultation et se demander pourquoi il a besoin de quelqu'un d'autre.

La meilleure façon d'amorcer la relation en approche centrée est d'adopter nettement une attitude d'écoute très prononcée, voire dire au client : « Je vous écoute ». Cette attitude ou ce propos vont quelque peu dérouter le consultant; il s'attend, en effet, à ce qu'on lui pose des questions; cet étonnement dure généralement très peu de temps : le client abandonne son attitude d'attente passive dans laquelle il se trouvait au départ pour prendre l'initiative d'exposer ses difficultés. Le conseiller ou le psychothérapeute peuvent, à la rigueur, structurer explicitement la relation s'ils ont la conviction que cela facilitera la communication entre eux et leur consultant. Il serait, en tout cas, maladroit d'imposer une structuration à un client qui ne la désire pas et commence d'emblée à décrire ses difficultés. De toute façon, étant donné les attitudes méthodologiques du psycho-thérapeute ou du conseiller, il existe toujours une structu-ration implicite de la relation. En psychothérapie ou relation de conseil centrées indiquées pour difficultés conjugales chroniques, nous estimons nécessaire un minimum de structuration explicite qui consistera notamment à laisser entendre au client que la prise en charge psychologique sera sans doute de longue haleine et que si l'on veut obtenir une certaine efficacité, les entretiens ne devront pas être plus espacés de plus d'une semaine, au moins pendant les premiers mois.

La plainte initiale du client, parfois masquée par des questions générales sur la conjugalité, constitue très souvent une espèce de symptôme-écran qui lui sert à masquer des demandes plus fondamentales concernant sa personnalité et son vécu habituel, conjugal ou autre. Un exemple illustrera ce qui vient d'être dit : des dépenses excessives chez un partenaire sont susceptibles d'amener un couple au bord de la faillite financière; un conflit conjugal très grave peut s'ensuivre; il ne serait pas judicieux pour un conseiller conjugal d'intervenir seulement au niveau de l'organisation budgétaire; l'excès de dépenses chez un partenaire peut signifier qu'il désire s'afficher, parader et tâcher par ce moyen d'augmenter une estime de soi par trop basse.

Ce n'est qu'exceptionnellement que des requêtes très personnelles sont formulées au départ de façon consciente. La demande latente la plus courante chez le consultant a trait à son incapacité de résoudre lui-même de façon adéquate certains de ses problèmes, son attente réelle étant donc de pouvoir apporter lui-même une solution positive à ses difficultés ultérieures. La plupart du temps, le déguisement des vrais problèmes par la plainte initiale ou des questions sur des généralités ne traduit pas un manque de franchise ou un certain maniérisme, mais est employé pour éviter les sentiments d'humiliation qui accompagnent souvent les demandes d'aide au niveau de la personnalité; ces affects sont ainsi reportés dans le temps pour être mieux assumés. Pour parler lapidairement, il y a souvent chez le client une grande ambiguïté dans sa demande réelle, étant donné l'existence à la fois du désir et de la crainte de la formuler. C'est en consultation conjugale que cette question du double sens de la démarche se pose avec le plus d'acuité. Les réponses-reflet du conseiller doivent être telles qu'il n'y ait pas que la plainte initiale qui soit analysée vu que les requêtes implicites transparaissent quasi toujours de l'une ou l'autre façon. Si le conseiller est avisé, s'opérera chez le client une véritable décentration par rapport à sa question initiale, ce qui amènera ce dernier à prendre conscience de ses demandes fondamentales. Si le conseiller reste entièrement absorbé par les diverses facettes des problèmes apparents, beaucoup de consultants seront frustrés par le manque de réponse à leurs requêtes implicites, qui sont souvent les plus importantes; cela pourra les faire abandonner la psychothérapie ou la relation d'aide psychologique. Éluder purement et simplement les raisons conscientes pour lesquelles le client consulte au départ serait toutefois une attitude inappropriée; en négligeant ainsi les attentes initiales souvent différentes chez les partenaires (même si le problème a été présenté comme commun et en commun) et accordant son entière attention aux aspects plus personnels, le conseiller frustrerait son consultant, qui de surcroît éprouverait un certain malaise devant « l'agression » trop rapide de sa personnalité. Dans cette perspective, si la formation du conseiller ou du psychothérapeute est telle qu'il ne leur est pas possible d'apporter au client une réponse à la demande initiale si elle est d'information ou d'ordre technique par exemple, cela doit lui être signifié car il n'abordera généralement pas des aspects plus profonds; il convient, préalablement à la relation d'aide psychologique, d'adresser le consultant à un spécialiste « ad hoc ». En pratique, des reflets portant sur la totalité du message et non sur la partie qui a trait soit à la demande initiale, soit à la requête implicite, permettront de ne pas tomber dans ces deux pièges.

En ponctuant de réponses-reflet la description narrative par le client de ses difficultés conjugales, le conseiller ou le psychothérapeute lui montreront qu'il est réellement compris; sans cela, le consultant se demandera à tout moment si ce qu'il communique est bien saisi et en outre, il pourrait aussi penser, devant l'apparente passivité de son interlocuteur, que celui-ci manque d'intérêt à son égard ou même ne sait pas comment l'aider. De plus, sans ces ponctuations du discours du client, le risque est plus grand que ce dernier ne s'irrite à la fin de l'entretien s'il ne reçoit pas de directives ou de conseils; il se pourrait aussi qu'il reproche ouvertement au conseiller de l'avoir laissé longuement monologuer pour n'en retirer finalement aucun bénéfice.

Il n'est pas possible de décrire en quelques pages les multiples productions (affects, attitudes, historique des conflits, etc...) livrées par les clients ou émanant d'eux en consultation conjugale; un autre ouvrage serait nécessaire.

En ce qui concerne les réponses-reflets, il ne convient nullement que le conseiller évite la reformulation des éventuels propos positifs émis à son égard : l'attitude réflexive doit être totale et en conséquence une espèce de fausse humilité qui entraînerait un reflet partiel n'est évidemment pas de mise; ce désintérêt apparent peut d'ailleurs être négativement perçu.

Il est important d'apprécier le degré de motivation du client à l'égard de la psychothérapie ou relation d'aide psychologique; à ce propos, l'analyse des attitudes du consultant vis-à-vis du canal d'admission ainsi que celle des raisons pour lesquelles le client consulte à un moment particulier, des autres types d'aide éventuels vers lesquels il s'est déjà orienté, de ses attentes, de son niveau culturel et intellectuel, peuvent s'avérer particulièrement précieuses; une motivation basse, nulle ou négative chez un client rend le pronostic sombre; en général, les tentatives de motivation de ce genre de consultants n'aboutissent pas à de brillants résultats; si la motivation demeure faible après ces essais, il vaut mieux mettre un terme à la relation, c'est-à-dire ne pas s'engager dans une relation de conseil ou psychothérapie.

Le conseiller doit être attentif aux secteurs qui n'ont pas été abordés; là résident souvent des problèmes fondamentaux.

Il est parfois hautement intéressant pour le conseiller ou le psychothérapeute de disposer au début des entretiens des résultats de certains tests (projectifs surtout) passés par le client. Si le psychothérapeute ou le conseiller choisissent pour pratiquer le testing psychologique une personne de sexe différent du leur, l'occasion est alors donnée au consultant de se trouver confronté avec les deux figures du couple imaginaire parental.

L'aide psychologique peut se limiter à un ou quelques entretiens formant un tout, par exemple quand il est demandé au psychologue clinicien, au psychiatre ou au psychothérapeute s'il existe des contre-indications psychologiques pour des interventions telles qu'une stérilisation, une insémination artificielle, etc...

Un certain nombre de clients mettent d'eux-mêmes un terme aux entretiens, déjà dans les tout débuts de leur prise en charge psychologique. Beaucoup de conseillers sont alors perplexes, étonnés, déçus, vexés, atteints dans leur narcissisme devant ce phénomène pourtant assez fréquent. Les causes habituelles de ces ruptures parfois précoces sont les suivantes :

— Le client a perçu négativement le conseiller (ou le psychothérapeute), par exemple comme étant antipathique;

la plupart du temps, cette perception découle en partie d'un « transfert flottant négatif d'emblée », ce qui signifie que, dans la perception qu'a eue le client du conseiller ou du psychothérapeute, se trouvaient déjà inscrits certains éléments de projection provenant de ses relations passées significatives mais n'ayant pas été vécues sur un mode positif.

— Abandonnent bien souvent aussi les consultants qui attendaient fermement du conseiller ou du psychothérapeute des attitudes directives. Ils estiment perdre inutilement leur temps en se prêtant au type d'échanges verbaux qui leur est proposé. La rupture a lieu parce que les attentes de ces clients n'ont pas été satisfaites et parce qu'ils n'ont pas perçu (à supposer bien entendu que le conseiller ait pu le leur montrer) qu'ils pouvaient être aidés autrement que par une relation interindividuelle de structure verticale; la méthodologie centrée est considérée par ces consultants comme inappropriée sur le plan de l'aide psychologique, même s'ils retirent les premiers bénéfices de son application (des abréactions, de l'absence de jugement ou de critique, de l'écoute attentive, etc...); la lente et patiente construction des prises de conscience n'est pas possible chez ces personnes et par voie de conséquence la compréhension des causes de leurs problèmes. On ne peut donc faire bénéficier tous les clients des approches centrées et, de plus, les résultats positifs obtenus sont fort différents d'un sujet à l'autre et ce, indépendamment du fait que les conseillers et psycho-thérapeutes ne possèdent pas tous la même habileté.

— La rupture est parfois due à l'anxiété provoquée dans les débuts de la prise en charge par le fait que le consultant est sans cesse renvoyé à lui-même.

— D'autres mettent un terme aux entretiens parce que le conseiller n'a pas manifesté suffisamment d'empathie, s'est montré distant ou a fait trop peu de réponses-reflet ou des reflets incomplets portant par exemple sur les éléments objectifs des énoncés du client sans guère toucher aux affects qu'ils contenaient. En ces cas, les clients estiment, à juste titre, ne pas avoir été réellement compris.

— Ceux qui craignent d'affronter leurs vrais problèmes provoquent souvent la rupture de la relation quand ils pressentent que la continuation des entretiens ne pourra se réaliser que par l'investigation de leur personnalité.

Quand le consultant manifeste le désir d'abandonner la psychothérapie ou la relation de conseil, il ne convient pas d'insister pour qu'il continue, ni surtout de tenter de le convaincre d'une quelconque façon de la nécessité de poursuivre. Si, par exemple, le conseiller dit à son consultant : « Vous avez bien tort de vous arrêter maintenant », il transmet une évaluation à tonalité négative signifiant au client que son estimation n'est pas fondée; il s'agit alors d'une menace, donc d'un élément pathogène. En ne discutant pas, de temps à autre, on verra revenir certains clients qui avaient mis fin prématurément à leur prise en charge psychologique.

Après la phase initiale qui vient d'être décrite, la psychothérapie ou la relation de conseil prennent leur allure de croisière. Le psychothérapeute ou le conseiller ne modifient pas leur comportement verbal et transmettent les mêmes qualités pendant toute sa durée. Il est assez difficile pour le conseiller de maintenir tout au long des entretiens une attitude uniquement empathique concrétisée par des reflets de qualité : cela réclame en effet beaucoup d'attention, de concentration et de perspicacité. Cet aspect uniforme de l'attitude du psychothérapeute ou du conseiller contraste avec les comportements multiformes adoptés dans d'autres types de psychothérapie ou de relation d'aide psychologique, par exemple la psychanalyse où, dans un premier temps, le psychothérapeute structurera explicitement la relation, ensuite se mettra à l'écoute de son patient avec une « attention flottante », et enfin transmettra à ce dernier des interprétations quand apparaîtront les manifestations de la névrose de transfert et lorsque se posera la question du dénouement de cette dernière.

L'éventuelle maturation du client se produit généralement en deux phases qui ne sont pas nettement tranchées mais chevauchent plutôt l'une sur l'autre.

Au cours de la première de ces phases a lieu chez le client une évaluation analytique systématique, assez profonde, de lui-même et de son vécu. Lors de cette période, les estimations du consultant ont lieu, comme au départ, plus en fonction d'autrui que de lui-même. La véritable psychothérapie (ou relation d'aide psychologique) débute quand sont formulées explicitement par le client des demandes au niveau de sa personnalité.

Pendant la seconde phase, le client procède à une synthèse concernant sa personnalité et les différentes facettes de ses difficultés. Cette période se caractérise par une décentration très nette de l'origine de ses appréciations, celles-ci étant beaucoup plus son fait qu'en référence à autrui. Le consultant se livrera souvent à des interprétations d'autant plus pertinentes que son niveau culturel et intellectuel est élevé.

Quelques points au sujet de l'attitude du conseiller ou du psychothérapeute sont à souligner :

— Leur écoute doit être très attentive et soutenue. Il faut que leurs reflets portent même sur des énoncés qui ne contiennent apparemment que des détails sans importance; ce comportement sera apprécié par le client comme un signe d'intérêt à son égard, de la part de son interlocuteur; beaucoup de consultants s'excusent lors des débuts de leur prise en charge quand ils se surprennent en train d'exposer des éléments de la vie quotidienne, ce qui laisse supposer qu'ils ont souvent rencontré chez d'autres personnes du désintérêt, voire de l'irritation, quand ils émettaient de pareils propos. Il faut aussi que l'écoute porte sur ce qui est tout simplement observable, par exemple : la manière dont le client expose ses difficultés ou se présente, etc...; le conseiller ou le psychothérapeute doivent entendre ce que le client ne s'entend pas dire et voir ce qu'il ne se voit pas manifester comme indices extra-verbaux. Le silence attentif est donc une attitude fondamentale du conseiller ou du psychothérapeute et, en général, l'aide apportée s'avère d'autant plus bénéfique que ces derniers ont moins parlé.

— En étroite connexion avec la question de l'écoute, se pose tout naturellement le problème des moments de silence chez le client.

Une première remarque s'impose : les périodes de silence peuvent être dues à une mauvaise perception de la façon dont l'aide pourra être apportée : attente de conseils, par exemple; le silence s'installe parce que le conseiller ou le psychothérapeute ne répondent pas.

Les suspensions du discours, chez le client, peuvent avoir pour signification qu'à ces moments il n'a pas suffisamment de confiance en lui-même pour s'exprimer ouvertement.

Souvent, les moments de silence sont simplement utilisés par le client pour réfléchir, pour apprécier ce qui s'est dit, envisager d'y apporter des nuances ou des modifications plus ou moins importantes.

Les silences durent parfois très longtemps et peuvent alors paraître pesants, notamment pour un conseiller débutant; il serait pourtant peu sage de les rompre même par des reflets portant sur eux, et a fortiori en commettant la faute technique de s'immiscer dans le monologue intérieur du consultant, infléchissant sa pensée dans de nouvelles directions qui lui sont peut-être étrangères; de toutes façons, si le thème proposé par un conseiller, qui, ressentant une impression de malaise, veut rompre le silence, est pertinent, le client l'abordera tôt ou tard spontanément. Si la maladresse était commise de ne pas respecter un silence réflexif, il est très probable que le consultant émette des propos évasifs; il est en tout cas certain qu'une rupture se produira dans le cours de sa pensée ou de son vécu émotionnel. Beaucoup de conseillers éprouvent, quand aucune parole n'est prononcée, des sentiments de culpabilité, pensant que rien ne se produit chez leur client; grande est alors leur tentation d'intervenir. Puisque d'importants progrès peuvent être réalisés au cours des silences, il faut donc en principe les respecter; ce faisant, le conseiller ou le psychothérapeute pourront ainsi montrer au consultant qu'ils ne sont pas des questionneurs essayant d'extirper rapidement des données essentielles.

Il convient toutefois d'être prudent en cas de silences très longs chez des personnes qui ont des difficultés de verbalisation; un reflet portant sur le silence lui-même ou les productions extra-verbales peut alors s'avérer utile; sinon, le risque est assez grand que le client estime le conseiller inintéressé à ses problèmes ou punitif à son égard et qu'en conséquence il se montre irrité; le respect des silences ne peut donc être une règle absolue : l'irritation de ce type de consultant peut être telle que se rompent la psychothérapie ou la relation d'aide psychologique.

— L'attitude de « permissivité » (qui sera d'autant plus importante que le conseiller est moins sur la défensive) doit être particulièrement nette. En consultation conjugale et sexologique, étant donné que les sujets abordés sont particulièrement chargés sur le plan des affects (rancœurs cachées, sentiments négatifs en rapport avec les problèmes sexuels, difficultés dans l'expression de la tendresse, perspective de divorce et de séparation, etc...), la « permissivité » doit être telle que le client sache qu'il peut parler sans avoir à chaque instant à peser ses mots de crainte d'offenser ou de semer le trouble chez le conseiller.

— Il est nécessaire que l'impartialité (qui, normalement, doit découler de l'adoption rigoureuse de la méthodologie centrée sur le client) soit absolue. Malheureusement, certains conseillers, dans le but d'apaiser un partenaire anxieux, émettent des jugements sur la situation et apprécient les torts de chaque partenaire. Le conseiller conjugal doit savoir que, malgré une objective impartialité, il peut, suite aux mécanismes projectifs inhérents aux « transferts flottants, d'emblée », être perçu comme partial : un partenaire en psychothérapie (ou relation d'aide psychologique) séparée pourra par exemple mettre un terme à ses entretiens parce que son conjoint a estimé le psychothérapeute (ou le conseiller) sympathique alors que lui-même l'avait apprécié comme plutôt neutre ou froid.

— En consultation conjugale, chaque client doit savoir que ce qu'il dit, a dit et dira, a été, est et sera traité confidentiellement; ce problème du secret professionnel se pose avec plus d'acuité si les deux partenaires sont pris en charge psychologiquement par le même conseiller qui pourrait facilement estimer que certaines productions livrées par un partenaire sont connues de l'autre. Le secret professionnel est facile à respecter lorsqu'il porte sur des éléments extérieurs au couple, en cas d'infidélité par exemple, mais l'est beaucoup moins quand sont transmises des données propres à la dyade conjugale elle-même, par exemple le ressenti de chaque conjoint lors de l'union sexuelle; en principe, rien de ce qu'a confié un partenaire ne doit être révélé à l'autre, sauf quand cela est évidemment connu des deux, par exemple en cas d'impuissance érective ou si un conjoint y a consenti de façon explicite (parfois écrite avec date et signature).

— En ce qui concerne les reflets, la prudence s'impose avec les élucidations portant sur des patterns d'interaction conjugale ou autre, même si plusieurs éléments fournis par le client permettent de les définir : un reflet trop brutal et trop précoce d'une manière d'être avec autrui ou avec soi-même peut entraîner la rupture des entretiens ou en tout cas de l'embarras, des résistances, des attitudes défensives ou de rejet.

Des réponses-reflet judicieuses polarisées sur les sentiments permettront au client, grâce à des abréactions, de soustraire de ses difficultés leur charge émotionnelle et diminueront l'anxiété liée à des craintes et désirs fort primitifs et « culpabilisés ». Dans cette perspective, les sentiments d'hostilité ou la facette négative des sentiments ambivalents envers le partenaire, si fréquents dans la première phase de la prise en charge, doivent être ventilés avec beaucoup de soin par le conseiller ou le psychothérapeute; il leur faut toutefois éviter de ne refléter que ces seuls affects : cela risquerait de déséquilibrer chez le client l'appréhension en miroir de sa propre expérience.

Le conseiller ou le psychothérapeute se doivent aussi de refléter les affects que suscitent chez leur client leur propre personne ainsi que le centre ou l'organisme dans le contexte duquel ils travaillent.

Quand un reflet est la déduction logique de propos qui viennent d'être émis, il y a intérêt à refléter tel quel préalablement l'énoncé initial avant de passer au reflet de ce qui en découle.

Les détails significatifs ne seront relevés que lorsqu'ils meublent la totalité d'un énoncé et non un de ses segments.

Grâce au reflet des sentiments, des affects et des éléments cognitifs, un conflit latent, vécu surtout intérieurement, se transformera assez souvent en expressions « conflictuelles » plus ouvertes, interpersonnelles ; de ce point de vue, il existe donc une certaine analogie avec la thérapeutique des maladies ou symptômes psychosomatiques : la « névrotisation » est une étape nécessaire avant l'obtention d'un certain degré de normalisation.

Il est capital de souligner, quand la méthodologie le permet, les propos ou indices positifs qui proviennent du client, car cela aide le consultant à prendre conscience de ses forces et évite ainsi une autre forme de déséquilibre dans la perception en reflet de lui-même ; il existe pratiquement toujours des éléments positifs ; il est d'autant plus difficile et délicat de percevoir les nuances positives que beaucoup de clients ont tendance à les minimiser.

Les élucidations portant sur les coordonnées du choix conjugal amènent parfois le client à des prises de conscience très significatives ; c'est le cas par exemple lorsque ce dernier décrit très négativement son partenaire ; le consultant finira sans doute par se demander à un moment donné pourquoi, s'il était déjà tel au moment du choix, il l'a épousé et s'il ne l'était pas, pourquoi il a changé éventuellement et quel rôle lui-même a pu jouer dans cette modification.

Quels vécus principaux se passent chez le client au cours de cette phase de la psychothérapie ou relation de conseil ?

L'empathie compréhensive du conseiller ou du psychothérapeute et leur neutralité à l'égard du conflit ont souvent et rapidement un impact perceptible et positif sur un consultant en état de désarroi.

Malgré l'anxiété suscitée par la « technique » adoptée, ce dernier éprouve assez vite un certain soulagement et se sent encouragé à parler ; l'aspect dramatique initial de l'atmosphère s'apaise ; les attitudes de son interlocuteur permettent au client de s'écouter lui-même réellement et en conséquence de mieux s'exprimer, se corrigeant et critiquant ce qu'il a émis ; en règle générale, au fil du temps, les consultants se rendent compte que les difficultés conjugales dont ils avaient la plupart du temps reporté l'étiologie sur leur partenaire, des circonstances, un enfant ou quelque autre personne, trouvent leur origine aussi, peut-être essentiellement, en eux-mêmes.

Dans ce long parcours vers la prise de conscience, il arrive assez souvent que la clarification d'un secteur du vécu psychologique complique la compréhension d'autres ; globalement, le client voit plus clair dans ses difficultés mais perçoit que les causes de celles-ci ne sont pas aussi simples qu'il ne se l'était imaginé au départ ; certains en arrivent ainsi à percevoir leurs problèmes dans toutes leurs implications. C'est à ce moment que le client estime lui-même que de nombreux entretiens seront nécessaires et que se situe chez lui la demande explicite d'aide au niveau de la personnalité. Le consultant va dès lors pouvoir explorer et verbaliser les vrais problèmes camouflés par ses demandes initiales. L'analyse se fera de plus en plus fine et les éléments sur lesquels elle porte seront de plus en plus personnels.

Lorsque l'évolution est favorable, le client voit sa situation plus sereinement et les espoirs de solution ou de modification, souvent en filigrane au départ, apparaissent plus nets. Si un seul conjoint est pris en charge, son investigation de lui-même l'amène la plupart du temps à découvrir l'image qu'il donne à son partenaire et pourquoi ce dernier réagit de telles façons, et cette découverte, si elle est suivie de changements comportementaux, peut provoquer des variations d'attitude bénéfiques chez l'autre (du moins de façon transitoire comme il a été signalé plus haut).

Souvent, les éléments essentiels qui maintenaient le conflit et limitaient les échanges à différents niveaux entre les partenaires se liquident peu à peu; d'anciens désirs peuvent renaître tels quels ou qualitativement modifiés.

On obtient ainsi assez fréquemment une évolution plus ou moins importante d'un partenaire qui, au départ, dans beaucoup de cas, ne s'était pas mis en question et avait accusé l'autre; la remise en question personnelle a été le fait de l'écoute attentive et empathique du conseiller ou du psychothérapeute qui a compensé l'aspect frustrant, mais bénéfique toutefois, de certaines de leurs attitudes.

Dans un certain nombre de cas, même si les coordonnées de durée et de fréquence des entretiens sont celles du type d'aide envisagé, le client s'en tiendra essentiellement à sa conjugalité, sans engagement dans une véritable remise en question personnelle; malgré les apparences structurales, il est difficile de parler dans ces cas de relation d'aide psychologique ou de psychothérapie réelles : les changements personnels susceptibles de se produire sont en général assez sectorisés; elles consistent le plus souvent en amélioration dans l'interaction communicatrice, en prise de distance à l'égard des difficultés et en décisions saines au sujet de la conjugalité. Beaucoup parmi ces clients ont en eux le désir de demander une aide plus personnalisée mais ils en redoutent les conséquences chez eux. L'exploration personnelle, tout en gardant son attrait, demeure inquiétante : ils s'en tiennent alors à un compromis.

La question des réactions transférentielles et contre-transférentielles ne peut évidemment pas être laissée de côté.

Les premières doivent être distinguées des manifestations affectives courantes émanant du client à l'égard de son psychothérapeute ou conseiller en tant que personne réelle;

il pourra s'agir par exemple de signes d'irritation devant sa façon de concevoir l'aide psychologique ou de remerciements pour le soulagement ressenti; l'irritation peut aussi ne pas viser l'interlocuteur lui-même et traduire chez le client, notamment les sentiments négatifs engendrés par son conjoint ou les difficultés conjugales ou un canal d'admission coercitif qui a imposé la consultation.

Les véritables réactions et affects transférentiels sont le fruit de mécanismes projectifs : ils émergent du passé du client et sont vécus dans la situation actuelle avec le psychothérapeute ou le conseiller représentant une personne significative de ce passé. Ils apparaissent en approches centrées, à condition toutefois qu'elles durent assez de temps pour que leur surgissement soit possible, c'est-à-dire quand le consultant a relâché suffisamment son système défensif.

Dès le début, il existe chez le client des manifestations transférentielles subtiles; il s'agit d'un « transfert flottant, d'emblée » qui est la conséquence de l'appréhension globale initiale du conseiller ou du psychothérapeute par le consultant; si ce dernier a eu l'occasion de choisir son conseiller ou psychothérapeute, ce choix dépend partiellement de mécanismes projectifs du même ordre.

Le transfert peut être considéré comme une résistance puisque, grâce à lui, le client échappe à la verbalisation de ses conflits, mais, par ailleurs, il signifie aussi que des inhibitions ont été levées puisque se manifestent des sentiments jusque là refoulés; un conseiller perspicace peut ainsi se rendre compte de ce qu'étaient ces inhibitions et les défenses qui les maintenaient.

Le consultant a tendance à s'enliser dans le vécu transférentiel, car sortir du transfert implique un changement, réalité crainte, en général, parce que menaçant les besoins fondamentaux de protection et de stabilité.

Le transfert est à mettre en rapport chez le client avec des besoins insatisfaits qu'il tente de combler dans les projections qu'il réalise.

Quand le mécanisme du transfert apparaît, les paroles ou autres indices provenant du psychothérapeute ou du conseiller peuvent être interprétés par le client dans un sens qui s'accorde avec ses fantasmes. Ces distorsions peuvent être communiquées au conjoint et éveiller chez ce dernier divers sentiments à l'égard du conseiller ou du psycho-thérapeute, de la jalousie notamment.

Le transfert est dit positif ou négatif selon la tonalité de ses manifestations; il peut aussi être ambivalent, par exemple quand le client érige en juge son interlocuteur, l'assimilant, inconsciemment alors, à ses parents.

Le transfert positif peut apparaître après quelques séances seulement, en particulier chez les personnes à structure hystérique. Son apparition est en partie favorisée par le climat de tolérance et d'absence de jugement qui règne dans la relation entre le client et son interlocuteur. S'il veut éviter de tomber dans le piège d'un narcissisme de mauvais aloi, il faut toujours que le conseiller se rappelle que les manifes-tations transférentielles positives ne s'adressent pas à la réalité objective de sa personne. En cas de transfert positif, le conseiller ne doit ni être sur la défensive, ni manifester trop de sympathie. Ces réactions et affects positifs vont, chez le client, de simples propos ou comportements révélateurs d'affection jusqu'à un désir ouvertement exprimé d'intimité sexuelle, en passant par exemple par des indices tels que des changements nets dans l'habillement et l'esthétique person-nelle en général, par des verbalisations positives à l'égard de ce qui touche la psychologie, la ponctualité et la régu-larité des rendez-vous, l'aisance dans la communication, le désir de faire des cadeaux, des indices d'identification à l'interlocuteur, des réactions exagérées à une annulation ou un changement de rendez-vous de la part de ce dernier, des manifestations de jalousies vis-à-vis d'autres clients, de l'intérêt, de la sollicitude pour ce qui touche la personne du conseiller ou du psychothérapeute. Cependant, ces éléments positifs peuvent constituer parfois chez le consultant des formations réactionnelles à l'égard de sentiments négatifs.

Le transfert négatif disparaît en général plus difficilement que le transfert positif. Ici également, le conseiller ne doit pas oublier qu'il n'est pas visé en tant que sujet réel; sinon, il pourrait, par manque de contrôle, manifester des signes d'irritation en retour. Le transfert négatif se manifestera entre autres, chez le client, par des sentiments négatifs à l'égard du conseiller ou du psychothérapeute, des propos dépréciateurs à leur égard, un désintérêt pour l'entretien, des verbalisations négatives vis-à-vis de la psychologie en général, des retards systématiques aux rendez-vous ou des annulations de ceux-ci (les retards habituels peuvent aussi être le propre de personnes à tempérament psychasthénique), une communication pauvre, pénible et embrouillée.

Les demandes de changement de rendez-vous peuvent être le reflet de réactions transférentielles ou positives ou négatives.

Le conseiller ne doit pas se montrer anxieux et, si possible, ne pas l'être quand se manifestent les réactions et affects liés au transfert.

En approche centrée sur le client, il est assez improbable qu'apparaissent d'importantes réactions transférentielles. En effet, les essais pratiqués par le client de se placer en état de dépendance à l'égard de son interlocuteur sont contrecarrés; les vécus transférentiels, très peu « infiltrés » d'autonomie, ne sont ni suscités, ni entretenus par la méthodologie, ce qui ne veut nullement dire qu'ils n'apparaissent pas spontanément; en tant qu'états de dépendance, ils sont considérés comme préjudiciables pour le client, comme des retours en arrière qui peuvent d'ailleurs être des régressions irréversibles. Le conseiller ou le psychothérapeute ne modifient pas leurs attitudes quand apparaissent les manifestations transférentielles; ils les reflètent sans les interpréter; en règle générale, le client finit par reconnaître que l'origine du transfert réside en lui-même et provient de son lointain passé. En fait, la méthodologie centrée est telle que son adoption rigoureuse rejette toute attitude qui pourrait servir de base réaliste aux sentiments projetés lors du transfert.

On appelle contre-transfert l'ensemble des réactions et affects inconscients du psychothérapeute ou du conseiller à l'égard de leur client.

Tout comme le transfert, le contre-transfert peut être positif ou négatif.

Une attitude trop chaleureuse chez un conseiller pourra caractériser un contre-transfert positif qui suscitera sans doute chez le client des réactions à même tonalité, l'ensemble aboutissant presque inexorablement à une situation inextricable où le conseiller ne se rend plus guère compte de ce qui se passe en fait; une identification à l'un des partenaires est aussi susceptible de manifester un contre-transfert positif, ce processus comportant, outre les risques inhérents aux contre-transferts non contrôlés, les deux inconvénients suivants : son interprétation quasi inéluctable par les partenaires comme une prise de position et l'entrée du conseiller dans la relation complémentaire du conjoint sur lequel ne porte pas l'identification.

Comme signes de contre-transfert négatif, on peut par exemple signaler des manifestations d'hostilité, d'ennui, des soupirs, des exigences arbitraires à l'égard du client (heure de rendez-vous difficile pour lui par exemple), l'inattention (cette dernière peut toutefois être due à la fatigue) entraînant des mauvais reflets et une communication médiocre, des retards systématiques aux rendez-vous, etc... Étant donné la clarté des réactions transférentielles dans les situations triadiques, de groupe de couples et familiales, le contre-transfert y sera sans doute mobilisé plus nettement que dans les relations d'aide psychologique ou psychothérapie individuelles.

Le psychothérapeute et le conseiller doivent, dans toute la mesure du possible, essayer à chaque instant de comprendre leurs réactions et affects personnels à l'égard du client et contrôler ces derniers sans les refouler et ce, pour que leur propre subjectivité interfère de façon optimale dans le déroulement de la relation d'aide psychologique ou de la psychothérapie.

Un exemple de ce qui peut se passer si cette compréhension et ce contrôle n'ont pas lieu sera ici utile : parfois, le conseiller manifeste des réactions d'anxiété et de sidération qui sont la conséquence de problèmes personnels non liquidés et réveillés par ce qui se passe à un moment donné dans la situation de conseil; ces phénomènes constituent une menace pour son ego et de plus figent ou aggravent chez le client la densité des éléments négatifs dont il débattait alors; les symptômes physiques ou psychiques qu'ils présentait augmenteront vraisemblablement; la frustration ressentie par le conseiller devant son incapacité à aider son client et l'accroissement de la symptomatologie de ce dernier rendront plus vive encore son anxiété initiale; dès lors, un véritable cercle vicieux s'est installé, qu'il sera bien difficile de briser.

Il est donc impérieux que la formation du conseiller soit telle que l'appréhension continue de lui-même (notamment l'analyse constante de ses propres réactions contre-transférentielles qui seront fonction elles-mêmes de son propre développement psychologique) et son utilisation à bon escient devienne une réalité (en d'autres termes, qu'il puisse savoir à tout moment ce qu'il fait, pourquoi il le fait et le sens qu'ont pour son client ses interventions).

*  *  *

On ne peut passer sous silence la question des types d'aide autres que la psychothérapie ou la relation d'aide psychologique auxquels il convient parfois de recourir en consultation conjugale. Aucun conseiller (ou psychothérapeute) n'est capable de répondre à tous les problèmes et demandes qui peuvent se présenter en cas de difficultés familiales ou conjugales; celui qui s'estimerait investi de toutes les compétences dans ces domaines ferait montre d'un narcissisme certain, d'une véritable mégalomanie professionnelle et surtout de bien peu de réalisme.

En consultation conjugale, le conseiller ou le psychothérapeute auront à discerner s'ils se trouvent en présence d'une personne en situation « conflictuelle », présentant ou non des traits névrotiques ou si le client relève plus directement d'une approche psychiatrique. Ils devront aussi juger si la demande réclame une aide technique ou une information spécifique. Ce genre de questions peut en fait se poser à n'importe quel moment de la prise en charge psychologique. Ce problème des aides différentes de celle de base implique que tout centre de consultations conjugales ait en son sein ou soit en rapport avec un certain nombre de spécialistes; les contacts entre les conseillers ou psychothérapeutes et ces spécialistes seront pour tous une source de stimulation intellectuelle. Par ailleurs, réciproquement, la formation d'un centre de consultation conjugale et familiale suppose non seulement que des contacts s'établissent avec des organismes publics ou des personnes dont l'activité est d'ordre médical, social, religieux, juridique, etc..., qui auraient besoin et pourraient disposer des services du centre.

Les demandes et problèmes pour lesquels la réponse ne relève pas de l'aide psychologique peuvent être étrangers à la crise conjugale ou avoir avec celle-ci d'étroits rapports, par exemple, des demandes de renseignements concernant la procédure en divorce, si ce dernier est envisagé, ou dans le domaine de la contraception dont la méconnaissance aurait engendré un conflit conjugal.

— L'aide réclamée peut être d'ordre social et matériel (organisation du budget, recherche de meilleures conditions de vie pour le couple, soutien concret des mères célibataires, etc...) ou avoir une allure plus élaborée lorsque le problème posé par le couple ou un des partenaires est source de préoccupation pour la société elle-même. Il s'agira par exemple de la contraception ou de l'acoolisme. De ce fait, l'aide apportée au couple peut prendre un aspect plus normatif et en conséquence plus militant. C'est la raison pour laquelle les personnes à qui sera confiée cette forme d'aide doivent être recrutées avec une prudence et un soin particuliers; la bonne volonté des candidats ne peut suffire; des dommages sérieux pour le couple, la famille ou les partenaires peuvent avoir pour origine une mauvaise sélection de ces personnes; dans ce cas, chez ces dernières, ce qui se passe la plupart du temps quand elles exercent leur fonction c'est, soit une réduction de l'étiologie du conflit conjugal à la seule cause pour laquelle elles interviennent, cette appréciation étant souvent transmise aux clients qu'il sera alors bien difficile de récupérer par après pour aborder le problème dans toutes ses dimensions, soit une parfaite inconscience de leurs tendances salvatrices actualisées sans nuances dans pratiquement toutes les situations qui leur sont présentées avec accentuation non réaliste (au risque de mettre les consultants dans le plus profond désarroi) de la gravité de ces dernières afin que leurs besoins psychologiques obtiennent le maximum de satisfaction (en d'autres termes, une étonnante méconnaissance de leur implication personnelle dans les difficultés qu'elles sont censées soulager et dont elles tirent d'importants bénéfices). Les personnes s'occupant de cette aide sociale doivent aussi connaître les problèmes familiaux et conjugaux, dans leurs dimensions psycholo-

giques et se sentir à l'aise dans leurs relations interpersonnelles; il est en outre indispensable que leur travail soit
supervisé soit par un psychiatre, un psychothérapeute, ou un
psychologue clinicien, soit éventuellement par un conseiller
chevronné.

— Une aide religieuse ou éthique peut être demandée; il
est alors judicieux de s'en référer aux différents ministres
du culte. Certains sont spécialisés dans le conseil pastoral.
Dans toute la mesure du possible, il conviendra d'orienter le
consultant vers ceux qui connaissent, fut-ce théoriquement,
la méthodologie des approches centrées.

— Une aide médicale d'ordre organique peut s'imposer;
il est clair qu'en cas de doute au sujet de la santé du client,
il vaut mieux demander l'avis d'un médecin, quitte à ce que
les conclusions soient négatives, que de postuler être d'origine
psychologique des manifestations qui, en réalité, pourraient
être d'origine organique, en totalité ou en partie. Les
médecins eux-mêmes devraient plus souvent qu'ils ne le font
mettre ce principe en application. Pour l'aide dont il est
ici question, il sera surtout fait appel à l'interniste ou au
généraliste et au gynécologue; ce dernier spécialiste partici-
pera à la prise en charge des consultants, par exemple quand
se posent des problèmes sexuels, de stérilité, de contraception, lorsqu'une cliente présente des symptômes en
rapport avec le cycle menstruel, etc...

— Il sera assez souvent fait appel à un consultant juriste;
il pourra, sans aller jusqu'à plaider devant les tribunaux (ce
qui irait trop à l'encontre de la méthodologie de base adoptée dans le centre), éclairer les clients dont les problèmes
présentent une dimension juridique, par exemple, un désir
d'adoption, une décision de séparation ou de divorce.

— Les spécialistes auxquels il sera le plus souvent fait
appel en consultation conjugale sont le psychiatre, le psychothérapeute et le psychologue clinicien. Ils interviennent soit

pour avis, soit pour prise en charge en cas de suspicion ou d'existence chez les clients de troubles mentaux patents. Le recours à ce type d'aide ne va pas sans éveiller certaines susceptibilités parce que d'une part, beaucoup parmi les personnes qui ont pour fonction de prendre en charge les partenaires d'un couple estiment faire un travail presque de même nature que celui des spécialistes en question, tout en se rendant compte qu'il n'est pas de même niveau, et que d'autre part, elles peuvent éprouver des sentiments de frustration quand ces derniers jugent que l'aide à apporter au client doit être d'une autre nature qu'une relation d'aide psychologique (ou psychothérapie) conjugale (il faut noter toutefois que l'existence ou l'apparition chez un client d'une pathologie mentale importante ayant nécessité le recours à l'aide de ce dernier type de spécialistes, par exemple en cas de dépression réactionnelle au conflit conjugal, n'exclut pas qu'une fois cette morbidité traitée, le consultant soit pris ou repris en charge en consultation conjugale). De ce fait, dans la réalité, les relations entre le conseiller conjugal d'une part et le psychiatre, le psychothérapeute et le psychologue clinicien d'autre part, sont souvent ambivalentes et difficiles à établir ou à maintenir. Ce sera surtout sur le psychologue clinicien et le psychothérapeute que se polariseront des sentiments plus ou moins ambigus de la part du conseiller (le psychiatre, intervenant surtout en tant que médecin, prescrivant entre autres des thérapeutiques médicamenteuses, sera perçu comme ayant une fonction différente). Cette ambiguïté relationnelle est en outre alimentée parfois par une information insuffisante sur la profession du psychiatre, du psychologue clinicien et du psychothérapeute, ainsi que par une complicité avec le public, quelquefois peu désintéressée et qui porte sur l'adoption des stéréotypes négatifs véhiculés dans nos pays à propos de ces spécialistes.

Certains malades mentaux qui se savent tels, en particulier des personnes hautement névrotiques, ne veulent en aucune façon consulter un spécialiste adéquat. Cette attitude peut être dictée par la crainte d'être étiqueté de « fou », de s'entendre confirmer l'existence d'une récidive ou par les stéréotypes auxquels il vient d'être fait allusion ; ils acceptent à la rigueur de s'adresser, sous un prétexte quelconque, à un centre de consultations conjugales. La personne qui, dans le centre, recevra ce genre de client, devra se limiter à l'essai d'une préparation de ces patients à une consultation du spécialiste qui lui convient. Cette préparation consistera essentiellement en une réassurance concernant cette entrevue. Si le client reste sur ses positions de départ, rompre les ponts serait une attitude inadéquate, la continuation des entretiens pouvant en ce cas être considérée comme une solution de moindre mal, meilleure que l'absence de consultation dans le domaine psychologique.

En consultation conjugale, dans certains cas, le transfert pourra être envisagé d'emblée, c'est-à-dire sans demande d'avis préalable, parce que les signes de pathologie mentale sont suffisamment nets et que le client s'en rend compte. Parmi les consultants qui ne s'étaient guère aperçu de l'importance de leurs troubles mentaux, certains en prennent conscience plus ou moins rapidement. Dans ces deux hypothèses, le transfert au spécialiste s'opérera ou non selon la volonté du client.

Il existe en consultation conjugale un autre type de consultation où devront intervenir les spécialistes dont il est ici question ; il s'agit des cas où le conseiller éprouve quelques doutes quant à l'état mental de son client et désire obtenir l'avis d'un spécialiste en pathologie mentale. Le conseiller peut, soit s'entretenir avec le spécialiste au sujet du cas de son client, soit amener ce dernier à consulter lui-même.

— Dans la première hypothèse, le conseiller fournira au spécialiste toutes les indications qu'il juge utiles à propos de son consultant et tâchera de répondre aux demandes qui lui seront formulées. A l'issue de l'entretien, le spécialiste suggérera soit que le client soit examiné par lui pour mieux apprécier son état mental, soit un transfert du consultant, soit la continuation de la prise en charge psychologique par le conseiller.

— En cas de consultation directe du spécialiste par le client, le conseiller ne doit pas oublier qu'à l'évocation d'une semblable entrevue, certains consultants se demandent s'ils sont aliénés ou ce que des proches, éventuellement au courant de la suggestion faite, vont penser d'eux. Le conseiller doit ici bien signifier à son client que l'entretien avec le spécialiste ne va pas nécessairement aboutir à une prise en charge par ce dernier lui-même ou un autre.

Le recours au spécialiste de la pathologie mentale doit être envisagé essentiellement quand sont perçus chez le client des signes de névroses graves, de psychoses, de caractéropathie sérieuse, quand un élément noté ou confié impose, en soi, une demande d'avis au spécialiste (en cas de tentative de suicide par exemple) ou lorsque l'intensité d'un affect manifesté (labileté émotive, hostilité, etc...) semble très disproportionnée par rapport aux facteurs qui les sous-tendent, quand la plainte initiale est un trouble sexuel primitif ou même secondaire si dans ce dernier cas le symptôme est soit sévère, soit chronicisé. Dans la même perspective d'appréciation de l'état mental d'un consultant en vue d'un recours éventuel au spécialiste, l'observation des indices extra-verbaux et l'écoute attentive du discours du client peuvent s'avérer très révélatrices (étrangeté ou inco-hérence verbale ou comportementale, altération du jugement, troubles graves dans la concentration, signes de débilité mentale, manifestations régressives importantes, manque de contrôle pulsionnel, troubles mnésiques, etc...). L'anamnèse initiale est évidemment capitale; on pourra par exemple apprécier la façon dont le client a réagi lors d'éventuelles crises antérieures : acceptation avec résignation et passivité par masochisme? ou comme moyens d'auto-punition à mettre en rapport avec d'importants sentiments de culpabilité? fuite devant les difficultés (dans l'alcoolisme, la drogue, la maladie), la plupart du temps suite à une intolérance à l'anxiété? etc... Tout conseiller doit savoir déceler les symptômes du syndrome dépressif si fréquemment observé en consultation conjugale et apprécier, fut-ce sommairement, l'importance de celui-ci et surtout du risque suicidaire; à ce propos, il ne faut pas perdre de vue que la dépression peut être masquée par une présentation enjouée, des symptômes somatiques, accompagner une autre maladie mentale, et qu'en règle générale, le client dépressif se plaint de troubles en apparence plus importants que ceux révélés par les tests éventuellement pratiqués.

Il est clair que la fréquence des recours aux spécialistes et la rapidité de la demande seront en partie fonction de la confiance en soit que possède le conseiller.

Lorsque la consultation du spécialiste et surtout le transfert à ce dernier sont envisagés, plusieurs entretiens peuvent être nécessaires pour convaincre le client de la nécessité de ce recours; la réalisation prématurée de ce dernier peut être ressentie par le client comme un rejet ou comme un signe d'anxiété chez la personne qui l'avait pris en charge. Dans toute la mesure du possible, on emploiera les mots du client et on reflétera avec beaucoup de tact les attitudes ou autres indices qui ont fait songer à l'existence d'une possible pathologie mentale, afin que le consultant se rende compte qu'au moins, à titre d'avis, un autre type d'aide s'impose. Sauf urgence ou importance exceptionnelle de la symptomatologie, il ne faut pas faire pression sur un client qui manifeste

de la résistance ou qui ne veut pas de ce recours. Les sentiments du consultant à l'égard du nouveau type d'aide doivent
faire l'objet d'une attention particulière de la part du conseiller. Quand un transfert s'est effectué dans le but d'aider un
client handicapé sur le plan mental, le problème posé par
cette pathologie à son partenaire n'est nullement à négliger;
selon nous, un soutien ou une prise en charge plus intensive
s'impose suivant les cas dans la mesure où le spécialiste
auquel a été transmis le client ne s'autorise pas à prendre en
charge son conjoint.

Le problème ci-dessus décrit du recours à différents
spécialistes en pathologie mentale montre à suffisance que
ceux qui prennent en charge des clients en consultation
conjugale doivent avoir acquis au cours de leur formation
d'importantes notions de psychiatrie et de psychopathologie.

Pour clore ce chapitre, il reste à décrire comment se
terminent une psychothérapie ou une relation d'aide psychologique conjugales dont un client a réellement bénéficié. Le
conseiller ou le psychothérapeute peuvent envisager de
mettre un terme aux entretiens quand un certain nombre
des éléments suivants (dont la liste n'est aucunement limi-
tative) sont observés chez le consultant :

— Sur le plan personnel : une importante compréhension
de lui-même, une manière nouvelle et plus positive qu'au
départ de se percevoir, des évaluations émanant essentiellement de son propre jugement (notamment sur le plan des
valeurs), une diminution de sa rigidité idéique, comportementale et affective (ce phénomène étant dû, en grande
partie, aux attitudes tolérantes de son interlocuteur qui sont
introjectées ou transmises par conditionnement), une
moindre anxiété, des besoins de s'actualiser et de créativité

au sens large de ce terme, une autonomie plus grande se concrétisant par de libres prises de décisions, une meilleure confiance en soi, un degré suffisant de satisfaction dans ses besoins psychologiques de base, une amélioration dans sa communication à différents niveaux (non seulement dans la relation d'aide psychologique, mais aussi avec autrui dans la vie courante), un accrochage sain au principe de réalité et l'acceptation sereine de ce qui, chez lui, est irréversible.

— Sur le plan de la conjugalité et des relations familiales, une moindre dépendance vis-à-vis des besoins régressifs que la conjugalité notamment peut absorber et en particulier moins de sujétion aux pulsions partielles, passage dans l'imaginaire ou symbolisation des éléments qui, dans la réalité, étaient sources de conflit dans le couple, une diminution de l'ambivalence affective vis-à-vis du conjoint et une meilleure tolérance de celle-ci, une conjugalité moins anxiogène, une « possessivité » plus relative à l'égard de l'autre, une compréhension meilleure de la psychologie du partenaire et de la nature des liens qui l'unissent à ce dernier, une complémentarité acceptée parce que plus satisfaisante et de qualité supérieure à celle qui existait au départ, éventuellement une souplesse telle, dans cette articulation conjugale, que ses pôles s'inversent par moments (ce qui contribue souvent à un renouveau sur le plan érotique) ou au moins, que, si elle fonctionne sur un mode névrotique (sadomasochiste, compétitif, etc...) ses points rugueux et douloureux soient atténués, un désir de protection à l'égard de la conjugalité et de créativité du couple dans un soutien mutuel, un équilibre familial plus harmonieux impliquant notamment qu'il n'y ait pas de personne isolée à l'intérieur de la famille.

Certains indices d'amélioration relationnelle relevés sur le plan conjugal pourront aussi se révéler dans certaines relations affectives proches du consultant et qui ne sont pas de nature conjugale.

L'amélioration chez le client de certains points dans la conjugalité et la vie familiale ne concerne pas nécessairement la vie conjugale ou la famille qui existait au départ de la prise en charge. En effet, au cours ou à la fin de celle-ci, les partenaires ayant beaucoup évolué en maturité peuvent décider qu'une séparation ou un divorce sont de meilleures solutions que la continuation d'une conjugalité chroniquement houleuse et chaotique, et s'orienter éventuellement vers une nouvelle vie conjugale plus harmonieuse que la précédente grâce à la connaissance plus profonde qu'ils ont acquise d'eux-mêmes au cours des entretiens. Ces événements se produisent alors le plus souvent sans les comportements et sentiments très négatifs (amertume, rancœur, etc...) qui les caractérisent quand ils se passent sans aide psychologique, ce qui revient aussi à dire que ces décisions se prennent dans un contexte plus sain, plus serein et avec plus d'attention de chaque partenaire à l'égard de l'autre, que l'anxiété et les sentiments de culpabilité et d'échec liés à ces éventualités sont moindres, que, les enfants subissent moins de rejets, sont moins l'objet de manipulations, que leur développement psychogénétique, en général perturbé par ces douloureuses circonstances, pourra se dérouler plus normalement. Il n'est donc pas toujours judicieux d'affirmer que la relation d'aide psychologique ou la psychothérapie conjugales se sont avérées inefficaces quand se produit la rupture du couple actuel; les entretiens peuvent d'ailleurs se poursuivre après cette dernière.

De ce qui a été dit précédemment, découle la conclusion logique qu'en règle générale, les résultats les meilleurs sont obtenus chez les clients hautement motivés dès le début de leur prise en charge, qui se sont décentrés de la plainte initiale, possèdent un optimum d'anxiété motrice, d'excellentes capacités d'introspection, de conceptualisation et de verbalisation en général et de leurs affects en particulier.

Il est évident que l'appréciation des éléments qui suggèrent la terminaison de la cure est très subjective et, par ailleurs, il convient de ne pas oublier que les résultats obtenus sont susceptibles de se modifier dans un sens ou positif ou négatif.

Nous avons tenté d'établir le bilan thérapeutique dans l'échantillon considéré lors de l'enquête menée en 1971 dans notre département. Il fut impossible de le dresser pour de multiples raisons.

— Tous les clients n'étaient pas entrés dans une phase *réellement* psychothérapeutique;

— parmi ceux qui y étaient entrés, nombreux étaient ceux qui n'avaient pas terminé leur psychothérapie; il est en conséquence aisé de comprendre que, dans l'échantillon étudié, le nombre de personnes arrivées en fin de psychothérapie était trop petit pour qu'un exposé des résultats, même à titre indicatif, soit présenté;

— chez ceux qui avaient abandonné les entretiens, des causes très diverses, parfois combinées, soit extérieures à la psychothérapie soit inhérente à celle-ci, étaient intervenues;

— pour les psychothérapies terminées, nous n'avons pas, jusqu'à présent, disposé des moyens de réaliser des catamnèses systématiques valables.

Nous espérons combler ces lacunes dans un avenir plus ou moins proche.

Le conseiller ou le psychothérapeute auront souvent à proposer eux-mêmes la terminaison des entretiens; même quand le consultant a marqué son accord, il n'est pas toujours facile pour lui d'envisager sereinement la fin de sa prise en charge, notamment si la relation a été particulièrement dense; il peut ressentir une impression d'abandon (susceptible parfois de se transformer en rancœur), de l'inquiétude, celle notamment de se retrouver seul et de n'être éventuellement pas encore capable de fonctionner de manière adéquate; ces sentiments doivent faire l'objet d'une ventilation soigneuse. Le client décide parfois lui-même de l'arrêt du traitement, quelquefois d'ailleurs avec hésitation et dans l'inquiétude : ce peut être le reflet d'un désir d'actualisation de sa liberté et de ses forces nouvelles; il ne faut pas oublier qu'une décision d'arrêt par le consultant à un moment qu'il déclare opportun peut être le signe d'une résistance. Quelle que soit la façon dont se terminent les entretiens, le client demande souvent s'il peut revenir au cas où surgiraient de nouvelles difficultés; quand la décision de mettre un terme à l'aide psychologique provient du consultant, la demande précédente peut signifier qu'il craint d'offenser le conseiller ou le psychothérapeute ou aussi qu'il éprouve des doutes quant à l'opportunité de cesser les entretiens.

Dans un certain nombre de cas, le client ne veut pas que la relation soit rompue, malgré la présence signifiée et reconnue par lui des critères de terminaison de cure. En approche centrée, cette attitude n'est qu'assez rarement le reflet d'un enlisement transférentiel; il s'agit le plus souvent d'un désir sincère de ne pas perdre une relation personnelle authentique et significative avec une personne compréhensive (cette raison est aussi valable pour expliquer l'attitude des sujets qui ne se rendent pas compte que la fin de l'entretien est arrivée). Dans ces cas, il est judicieux de suggérer au consultant que d'autres personnes attendent leur prise en charge; ce genre de suggestion est en fait une évaluation à tonalité négative, donc réprouvée en approche centrée : toutefois, le problème des réponses aux demandes exige parfois que le psychothérapeute ou le conseiller se montrent directifs.

Quand la décision de terminer est arrêtée, il est plus sage d'espacer de plus en plus les entretiens que d'arrêter brusquement la psychothérapie ou la relation de conseil.

Lorsqu'il n'y a pas concordance entre les évaluations du consultant et celles de son conseiller ou psychothérapeute quant à l'opportunité d'une cessation des entretiens, il faut accorder la priorité au vécu subjectif du client, en acceptant de parler de résultat positif ou de guérison quand ce dernier se décrit comme amélioré ou guéri, notamment quand il estime avoir gagné suffisamment d'insight, et de résultat négatif dans le cas contraire. Toutefois, comme d'une part de nombreux consultants ont des attentes magiques et non réalistes à l'égard de l'aide psychologique et que d'autre part certains patterns d'interaction élaborés depuis l'enfance ne sont pratiquement plus modifiables, le conseiller devra faire preuve de réalisme et éviter de tomber dans le piège du perfectionnisme.

# LE TRAINING ET LA SÉLECTION
# DES CONSEILLERS CONJUGAUX

## Le training des conseillers conjugaux

Ce training comporte d'une part l'acquisition de connaissances théoriques (information) et d'autre part une formation personnelle.

### A. CONNAISSANCES THÉORIQUES À ACQUÉRIR

Il est utile que le conseiller connaisse théoriquement les lignes de force des différentes méthodologies psychothérapeutiques et de counseling, à la fois dans leur adaptation à l'individu et au groupe. La compréhension et l'assimilation les plus parfaites possible des principes et méthodes adoptés dans le centre où il travaille sont, elles, indispensables.

Le futur conseiller conjugal aura à acquérir d'importantes notions de psychologie et de pathologie du couple, de psychologie et de pathologie sexuelles (surtout quand celles-ci concernent la conjugalité), sur la régulation de la fécondité dans ses différents aspects, au sujet des diverses théories de la personnalité, des éléments plus ou moins importants dans le domaine de la motivation, du learning, de la psychologie génétique; il lui faudra posséder de sérieuses connaissances en psychologie différentielle, principalement des sexes, au sujet des mécanismes de la communication interpersonnelle, en sociologie du couple et de la famille; il doit comprendre, fut-ce de façon élémentaire, la signification sociologique des comportements humains, savoir apprécier un tant soit peu quel est l'impact des éléments socio-culturels sur l'individu et connaître comment se répartissent les rôles entre les deux sexes et est apprécié le travail féminin dans différents contextes sociaux; il est indispensable qu'il connaisse les divers systèmes de valeurs (religieux, philosophiques, etc...) adoptés par différentes catégories d'individus dans la société où il fonctionnera, pour apprendre la relativité de ces éléments, comprendre leur influence différentielles sur le comportement des personnes, dans le but notamment de ne pas interpréter comme étant de mauvais ajustements conjugaux des phénomènes normaux une fois appréhendés dans un système déterminé et de ne pas livrer des informations ou des éléments d'ordre technique qui seront refusés parce qu'interdits dans un cadre déterminé.

Quelques connaissances de droit familial sont d'une grande utilité en conseil conjugal; il en va de même en ce qui concerne l'anthropologie culturelle.

Sur le plan biologique, il faut que le conseiller connaisse le système génital dans ses aspects fonctionnels et organiques, possède d'importantes notions de génétique, notamment savoir quels sont les maladies héréditaires et le mode de transmission (dominant ou récessif) de ces dernières, l'influence des conflits intrapsychiques et interpersonnels sur le soma du point de vue fonctionnel et organique et dans cette

perspective, connaître quelles sont les maladies psychoma-
tiques est élémentaire.

Le chapitre précédent a montré à suffisance que le
conseiller conjugal doit avoir acquis d'importantes notions
de psychopathologie et de psychiatrie; les enseignements
théoriques en ces domaines devraient, si possible, aller de
pair avec une formation pratique qui apprendrait au futur
conseiller, notamment à tolérer les malades mentaux et à se
faire accepter par eux. Sur un plan beaucoup plus informel,
il est du plus haut intérêt que le conseiller cultive son ouverture d'esprit et des plus souhaitable que la possession et le
développement d'un important bagage culturel aient, pour
lui, une réelle signification sur le plan personnel.

Les connaissances théoriques acquises de manière systématique ou informelle seront en consultation conjugale
mises au service de la fonction d'empathie et utilisées pour
répondre à des demandes d'information ou d'ordre technique
de la part du client. Les notions théoriques ne doivent jamais
être gratuitement employées par le conseiller dans le but de
se situer en surplomb par rapport à son consultant.

## B. LA FORMATION PERSONNELLE

Pour les formateurs des conseillers conjugaux, il s'agit
d'assumer la tâche délicate d'orienter vers une réflexion
profonde sur eux-mêmes, en vue d'une sérieuse connaissance de soi, des personnes dont les options professionnelles
de base sont, en règle générale, très différentes et d'entretenir ou augmenter chez elles les qualités et attitudes
essentielles à leur fonction ultérieure. La formation et la
sélection des candidats sont, pour les responsables de ces
tâches, loin d'être sans retentissement subjectif; ils doivent,
en effet, régulièrement se poser, à propos de la condition de
l'homme, des questions existentielles fondamentales, en

particulier celles du sens de la sexualité, de la conjugalité et des relations entre les sexes, des rapports entre les parents et les enfants, de la signification des normes qui régentent ces phénomènes et des comportements et affects qui sont en rapport avec ces derniers.

Si les deux partenaires d'un couple ont été sélectionnés pour la formation, il semble préférable que cette dernière leur soit donnée séparément.

Le futur conseiller doit apprendre à repérer régulièrement quels sont ses sentiments, ses réactions psychologiques, ce qu'il ressent devant les différents problèmes qui peuvent surgir dans la vie d'un couple ou d'une famille. Il faut que le conseiller ait conscience de ses attentes et difficultés sur le plan psychique, comprenne le sens de ses comportements, sache quels sont ses défauts et qualités, ses besoins psychologiques de base et les façons habituelles dont il tente de leur donner satisfaction, connaisse ses désirs et fantasmes ainsi que les projets qui les actualisent, ses préjugés dans le domaine psychologique et ses limites à différents niveaux.

Le futur conseiller conjugal doit aussi savoir que le choix même de sa fonction, et à l'intérieur de cette dernière, de la méthodologie adoptée (du moins si elle était théoriquement connue de lui par avance) est, en partie, fonction de tendances personnelles, de motivations qu'il ne peut ignorer. A ce propos, le conseiller ne peut nier que son activité est susceptible de lui apporter beaucoup de satisfactions, par exemple celles qui dérivent du fait que le type de relation qu'il maintient avec ses clients, peut aboutir à la maîtrise des conflits de l'homme et rendre plus clairs des problèmes particulièrement confus, le plaisir d'être éventuellement admiré, de susciter un certain respect, de se sentir supérieur à autrui dans certains domaines, de savoir que la fonction exercée est utile à d'autres personnes, que des tiers ont besoin de lui, la satisfaction consécutive d'être approuvé, apprécié et aimé, l'agrément provoqué par l'enrichissement dans sa connaissance de l'être humain suite à ses contacts avec de multiples clients de personnalités très différentes et par la sublimation de la curiosité (dans le domaine sexuel notamment), les satisfactions dérivées de la formation elle-même qui lui permet de dominer la reviviscence des divers types d'anxiété éprouvée dans son enfance et l'assurance de se savoir à l'abri de la solitude grâce aux contacts avec les différents clients. Il est nécessaire que certains futurs conseillers apprennent à maîtriser leur désir de puissance, parfois d'omnipotence sur les personnes en difficulté psychologique, par exemple, quand ils estiment qu'ils pourront aider tous ceux qui se présenteront à eux ultérieurement ou lorsqu'ils croient avoir le droit de définir eux-mêmes pour les partenaires de couples qu'ils prendront en charge les buts que ceux-là auront à s'assigner eux-mêmes. Le futur conseiller doit acquérir la plus grande lucidité en ce qui concerne ses positions normatives sur le plan éthique, religieux, idéologique, social, etc... et ses comportements et buts qui en découlent; dans ce contexte, il aura à accorder la plus grande attention à l'analyse de ses positions et réactions face à la séparation conjugale, au divorce, à la contraception et aux différents modèles de fonctionnement familial ou conjugal. Les formateurs se rendent assez souvent compte que certains candidats sélectionnés ne parviennent que difficilement à séparer leur position morale au sujet de ces questions des aspects psychologiques impliqués par celles-ci; c'est surtout à ce type de personne qu'il faudra inculquer la tolérance à l'égard d'idées et de comportements qui ne sont pas les leurs. Sans cette clarté sur sa hiérarchie de valeurs et la relativité de cette dernière dans la société, il se pourrait que le conseiller impose subtilement à ses clients, parfois plus inconsciemment que consciemment, ses propres systèmes de valeurs. Le futur conseiller doit enfin devenir conscient du fait que son envie de rendre autrui plus mûr, de l'améliorer ou de le guérir, de s'occuper de sa conjugalité, possède des dimensions normatives, notamment sur le plan social.

La formation du conseiller implique aussi l'acquisition, le maintien ou le développement selon les cas de certaines qualités et attitudes : la confiance en soi (notamment en sa capacité d'aider autrui sur le plan psychologique) et en l'être humain, les attitudes et qualités réclamées par la méthodologie adoptée et l'habileté que cela implique en particulier, la capacité de percevoir le support des réactions et des comportements humains plus sur le plan des affects que dans leurs dimensions cognitives, la patience et le sens du travail en équipe.

Il est très important que le futur conseiller soit ou devienne à l'aise dans sa sexualité et sa conjugalité ou au moins acquière la possibilité de prendre par moments une certaine distance à l'égard d'éventuels dysfonctionnements dans ces secteurs. Il n'est pas impossible que la conjugalité actuelle d'un conseiller conjugal ne soit pas sereine. Cela ne doit toutefois pas l'amener à trouver des soulagements en s'occupant de situations « conflictuelles » conjugales, ce qui pourrait avoir pour conséquence qu'il ait tendance à figer ces dernières de façon plus ou moins inconsciente. Par ailleurs, un conseiller épanoui dans sa vie conjugale doit être à même de saisir empathiquement les difficultés des personnes qui le consultent.

La formation décrite ci-dessus de façon sommaire amènera le conseiller à la prise de conscience, la verbalisation, la compréhension et en conséquence, à une certaine maîtrise de ses comportements, de ses idées et surtout de ses désirs et affects qui, dans le domaine de la sexualité, la conjugalité et la vie familiale, sont susceptibles d'atteindre un niveau important d'intensité ; il ne s'agit nullement pour le conseiller d'éliminer ou de refouler les éléments qui viennent d'être cités, ni d'en faire abstraction mais d'adopter à leur égard une attitude de liberté et de réflexion. Cette maîtrise lui permettra de conserver, face à ses clients, une neutralité empathique (impliquant qu'il ne prenne pas inconsciemment parti dans les conflits de ces derniers), de leur manifester la plus grande attention, d'être libre devant eux et d'utiliser de façon optimale sa propre subjectivité dont l'impact dans la relation d'aide psychologique est, de toutes façons, iné-luctable.

Cette formation personnelle peut se réaliser par différents moyens. Le plus efficace consiste, pour le futur conseiller, à s'engager dans une psychothérapie (ou relation d'aide psychologique) didactique dans laquelle il occupera la posi-tion de client et dont la méthodologie sera si possible celle qu'il adoptera ultérieurement. Par ce moyen, deux buts pourront être atteints : l'acquisition d'une importante connaissance de soi, notamment celle de l'image donnée aux autres et du degré d'investissement personnel dans une relation intersubjective ainsi que l'apprentissage de l'essen-tiel de la méthodologie (qu'on ne peut pas, bien entendu, apprendre uniquement par des lectures ou des cours, parfois considérés par certains comme des recettes à appliquer sans plus). Cette méthodologie, les futurs conseillers l'appren-dront avec quelqu'un qui sera pour eux une espèce de miroir et qui mettra en évidence, dans la majorité des cas, leurs tendances directives, notamment l'utilisation académique et normative de leurs connaissances théoriques, dans l'échange psychologique. Ils pourront aussi s'identifier à leur inter-locuteur en assimilant les qualités qu'il transmet dans la relation d'aide psychologique (ou psychothérapie) didac-tique. Si on s'en tient au problème de l'acquisition de notions méthodologiques, il convient de savoir qu'en ce qui concerne les approches centrées sur le client, la psychothérapie (ou relation d'aide psychologique didactique), tout en étant d'une grande utilité sur le plan de la connaissance de soi, n'est pas indispensable comme en psychothérapie psychanalytique; en effet, en relation d'aide psychologique ou psychothérapie centrées, comme le conseiller ou le psychothérapeute s'efforcent de situer leur intervention exclusivement dans le cadre de référence du client et de son expérience, les risques d'erreurs sur le plan méthodologique, tout en n'étant pas nuls, sont moindres qu'en psychanalyse. La relation d'aide psychologique ou psychothérapie didactiques ont comme inconvénient majeur que l'investissement de temps et pécuniaire qu'elles réclament est très important. C'est pourquoi plusieurs tentatives ont été faites pour que le conseiller en formation bénéficie d'un maximum d'insight en un minimum de temps. Il est évidemment impossible de décrire dans cet ouvrage les multiples techniques adoptées par les responsables de la formation personnelle des conseillers dans les différents centres de consultation conjugale : jeu de rôles, psychodrame, training group, etc... Le training group est un instrument particulièrement adapté à la formation plus ou moins rapide dans le cadre des approches centrées; le fond même de sa méthodologie est la « centration » sur la psychologie des participants dans l' « ici » et le « maintenant ». Le training group peut être ou remplacé ou complété par des groupes de discussions, où les membres réfléchissent sur le couple et ses difficultés, sujets qui les motivent hautement au départ; ces discussions de groupes sont généralement complétées par des rassemblements plus formels (davantage polarisés sur la théorie) et où il est repensé ce qui, dans le groupe, a occasionné des difficultés, n'a pas été envisagé, etc... Il n'est pas impossible que des acting-out, en particulier extra-conjugaux, qui seraient le fait de participants peu mûrs (tirant bénéfice d'une soumission à leurs conjoints contre lesquels en même temps ils sont révoltés), soient évités par des prises de conscience verbalisées dans ces groupes.

A une fréquence au moins mensuelle, la supervision des entretiens du futur conseiller avec ses clients est effectuée systématiquement, dans les centres de consultation conjugale, par un psychiatre, un psychologue clinicien, un psychothérapeute ou un conseiller chevronné et ce, non seulement au cours de la formation, mais également par après dans l'exercice de la fonction de conseil. Cette supervision peut avoir lieu sous forme d'entretiens personnels avec le type de personne mentionné ou avoir une forme collective, celle-ci comportant comme avantage que les conseillers bénéficient du soutien mutuel et de discussions en équipe. Les superviseurs concentreront leur attention sur les attitudes des conseillers dans la relation d'aide psychologique et en particulier sur leurs contre-transferts, ainsi que sur les erreurs méthodologiques éventuelles; ils analyseront plus profondément des questions en étroit rapport avec la formation initiale. Toutes les autres conditions étant égales, formeront les meilleurs conseillers ceux qui, de par leur profession de base, inspirent a priori confiance aux personnes, obtiennent que ces dernières se confient à eux facilement, de façon spontanée, sans être ébranlées dans leur amour-propre, s'occupent, partiellement au moins, déjà de questions en rapport avec la conjugalité, la sexualité, la famille et leurs dysfonctionnements, et possèdent une aisance et une précision dans le discours centré sur les trois secteurs précités.

Les bénéfices de cette formation seront augmentés par l'emploi de certaines techniques, par exemple l'enregistrement sur bande magnétique ou l'utilisation de la télévision en circuit fermé; ces moyens permettront aux futurs conseillers ou aux conseillers formés de s'apprécier eux-mêmes, en analysant ce qu'ont été leurs réactions et leurs propres réponses à leurs clients. Pour la formation des conseillers conjugaux, l'observation d'entretiens par le truchement de glaces sans tain n'est pas à recommander. Même si les personnes concernées ont marqué leur accord pour que ce système soit utilisé, il est très probable qu'elles se sentent mal à l'aise de se savoir épiées sans voir la personne qui les regarde. Si l'accord du client n'a pas été demandé, une règle fondamentale de la déontologie professionnelle est violée; il ne faudrait pas non plus perdre de vue qu'un certain nombre de consultants connaissent l'existence de ce procédé d'observation.

Il est clair qu'une véritable formation de conseiller conjugal est susceptible d'engendrer chez celui qui s'y engage des modifications dans sa personnalité, avec répercussion sur son monde relationnel avec autrui en général et son partenaire en particulier; la formation, quoique ayant souvent des effets positifs sur le couple du futur conseiller, comporte néanmoins certains risques, un peu comme les psychothérapies ou relations d'aide psychologiques unilatérales de partenaires; les responsables de la formation doivent surveiller de très près les variations psychologiques qui se produisent dans la relation conjugale du futur conseiller. Si la formation a lieu en groupe, il faudra prévoir dans certains cas une aide plus personnalisée. Parfois, le conjoint devra être psychologiquement soutenu; quelquefois, les formateurs en arriveront à la conclusion qu'il existe des états d'équilibre qu'il vaut mieux protéger du risque de changement.

## La sélection des candidats à la fonction de conseiller conjugal

Rappelons au préalable que les candidats sélectionnés peuvent, malgré tout, être éliminés au cours de leur formation.

Étant donné les exigences imposées par le training des futurs conseillers, en particulier sur le plan de leur maturation, et les ébranlements que la formation peut produire chez eux, on comprendra aisément l'importance du problème de la sélection des candidats à la fonction de conseiller conjugal.

Le désir d'un sujet de s'orienter vers celle-ci ne va bien entendu pas nécessairement de pair avec la capacité de réaliser un training adéquat. Paradoxalement, il existe une série de personnes qui estiment avoir seulement quelques qualifications eu égard à la fonction, doutent d'elles-mêmes et se voient sélectionnées alors qu'un certain nombre de celles qui n'ont pas été retenues lors de la sélection estimaient a priori avoir les capacités réclamées pour exercer l'activité de conseiller conjugal. Le candidat à la sélection doit savoir que celle-ci s'opérera bien plus en fonction de sa personnalité, de son mode de relation avec autrui et surtout de ses attitudes habituelles avec les personnes en difficulté dans leurs relations les plus significatives, les malades, les handicapés, les sujets dans la misère ou le malheur, les jeunes en fin d'adolescence, etc... que de son bagage culturel et intellectuel ou de ses réalisations dans la vie ou même de son expérience de cette dernière.

Il est difficile pour quiconque d'accepter en toute sérénité qu'un tiers l'apprécie sur le plan personnel; dans le chapitre précédent, il a d'ailleurs été expliqué pourquoi la fonction d'évaluation n'est pas adoptée en psychothérapie ou relation d'aide psychologique centrées; évidemment, la sélection doit s'opérer plus rapidement que ces dernières. Il ne faudrait pas croire que la sélection ne présente de désagréments que pour le candidat : juger autrui sur le plan personnel et éventuellement l'arrêter dans son bon vouloir sont des fonctions quelque peu embarrassantes, réclamant beaucoup de probité, d'attention et de délicatesse. En pratique, en employant comme moyen, par exemple, des entretiens, questionnaires, tests psychologiques, des conférences, des débats informels au sujet de la conjugalité normale et dysfonctionnelle dans le but de sensibiliser les candidats à son propos, l'analyse du comportement dans un training group, des groupes de discussion sur des thèmes en étroite connexion avec le travail ultérieur et où les candidats partagent avec d'autres personnes leurs opinions, les responsables de la sélection (généralement des psychologues cliniciens, des psychiatres, des psychothérapeutes ou des conseillers très expérimentés), essaient d'apprécier, en organisant une atmosphère de liberté, l'équilibre des candidats tant sur le plan personnel que conjugal et social.

Par la façon de concevoir la sélection, il est déjà donné aux personnes qui veulent s'engager dans l'activité de conseil une certaine idée de la façon dont un client peut tirer profit d'une relation d'aide psychologique quand le conseiller lui manifeste une attention totale.

On comprendra aisément que la sélection est, en général, ressentie comme une véritable épreuve; d'ailleurs, certains candidats se retirent spontanément quand ils se rendent compte de ce en quoi consiste cette sélection et pourquoi elle est essentielle.

Quels types de personnes doivent être éliminées lors de la sélection ?

— Celles qui ne possèdent en aucune façon les qualités qu'un conseiller doit transmettre dans une relation d'aide psychologique centrée.

— Les sujets d'intelligence médiocre. Il conviendra de signaler aux personnes de quotient intellectuel très élevé maniant d'habitude le langage de façon fort abstraite que, sans modification de l'allure de ce dernier, la majorité de leurs futurs clients ne les comprendront que peu.

— Les personnes peu capables de verbalisation et de conceptualisation claires.

— Les candidats dont la personnalité est trop salvatrice, sujets qui, la plupart du temps, préfèrent s'en tenir à des attitudes directives plutôt qu'adopter celles réclamées en relation d'aide psychologique centrée. Il est particulièrement difficile de convaincre ce genre de personnes du fait qu'elles ne sont pas aptes à la fonction de conseil alors qu'elles œuvrent de façon adéquate dans une série d'autres activités d'aide à autrui.

— Les personnes dont le mécanisme défensif essentiel est la projection : leurs propres conflits seront niés et perçus à tort comme existant chez leurs clients; il s'agit essentiellement des sujets à caractère paranoïaque.

— Ceux dont la motivation est principalement soustendue par de la curiosité à l'égard du vécu psychologique intime des autres.

— Les personnes qui, a priori, seront probablement trop ébranlées par la formation ci-dessus décrite; c'est le cas notamment pour les sujets dont l'extraversion est quasi absolue, même si par ailleurs elles ont la réputation d'être équilibrées, intelligentes et très utiles sur le plan de l'action sociale; ces sujets sont littéralement coupés de leurs structures psychologiques profondes et par le fait même, incapables de comprendre les dynamismes de la personnalité d'autrui.

— Les personnes âgées dont les attitudes rigidifiées, notamment sur le plan social, et le système défensif n'ont plus guère de chance d'être modifiés si ce n'est au prix de bouleversements personnels trop importants.

— Les psychopathes caractériels, les personnes à structure obsessionnelle trop massive et, évidemment, les psychotiques qui, si leur symptomatologie est bien camouflée et compensée, risquent de se présenter à la selection et dont le monde réel et fantasmatique de significations est en majeure partie fermé et systématisé; chez la plupart de ces personnes, il n'y a pratiquement plus de capacité de changement, ni de possibilités de réflexion sur elles-mêmes.

— Les personnes chez lesquelles on pressent que l'orientation vers le conseil conjugal est mue par un besoin quasi incoercible d'augmenter une estime d'elles-mêmes trop basse.

— Les sujets trop jeunes; la prise en considération de la maturité et accessoirement de l'expérience explique l'élimination de ces candidats.

En règle générale, les femmes sont plus nombreuses que les hommes à s'occuper de conseil conjugal; cela s'explique probablement par le fait que cette activité, s'exerçant le plus souvent à temps partiel, attire certaines femmes qui veulent concilier sans trop de difficultés leur travail au foyer et une activité d'aide sociale très personnalisée; de plus, pour certaines d'entre elles qui sont foncièrement attachées aux stéréotypes traditionnels concernant les rôles féminins, la structure actuelle de l'activité de conseil permet l'économie de l'affrontement de sentiments de culpabilité qu'une insertion professionnelle importante mobiliserait chez elles.

## ANNEXE I : TABLEAU DE POLLAK [1]

### Dimension de la complémentarité des besoins

I. RÉORIENTATION PERSONNELLE

A. *Fonctions dans le mariage avant la venue des enfants*

1. Octroi de nouvelles attaches (appropriées à l'âge) d'association intime à la place de l'attache parentale.
2. Acceptation d'une régression normale chez le partenaire.
3. Garantie de recevoir considération et soins.
4. Garantie de partager un faisceau d'intérêts communs.

B. *Fonctions dans le mariage pendant l'éducation des enfants*

1. Octroi à l'autre de la permission de trouver dans les enfants des attaches intimes supplémentaires.
2. Soutien mutuel dans l'acceptation de la diminution de la liberté qu'on a d'admettre une régression à cause de la présence des enfants. Protection de l'autre contre la stimulation à la régression provoquée par l'interaction avec les enfants.
3. Garantie de recevoir considération et soins.
4. Garantie de partager un faisceau d'intérêts communs accru, grâce aux préoccupations concernant les enfants dans la vie quotidienne.

C. *Fonctions dans le mariage au départ des enfants*

1. Permission accordée au conjoint d'avoir le sentiment d'être démuni par le départ des enfants, avec octroi de stimuli pour sa réorientation (redistribution de libido).
2. Nouvelle acceptation d'une régression normale chez le partenaire. Protection mutuelle contre les réactions climatériques dues au départ des enfants.
3. Garantie de recevoir considération et soins.
4. Garantie de partager un faisceau d'intérêts communs, en conséquence de la disparition des enfants des contacts de la vie quotidienne.

[1] POLLAK O. : Sociological and psychoanalytic concepts in family diagnosis. In GREENE B. L. : The psychotherapies of marital disharmony. Copyright (c), 1965, by The Free Press, A Division of the Macmillan Company, pp. 18, 19.

D. *Fonctions dans le mariage après le départ des enfants*

1. Soutien de l'autre dans la recherche continue de nouveaux stimuli de réorientation, y compris la capacité de surmonter la perte du conjoint.

2. Augmentation de la « permissivité » vis-à-vis de la régression non pathologique.

3. Changements dans les garanties de recevoir considération et soins.

4. Acceptation par l'un et l'autre d'une diminution dans le faisceau des intérêts communs, parce que la préparation à la perte du conjoint demande une divergence des intérêts.

## II. DOMAINE SEXUEL

A. *Fonctions dans le mariage avant la venue des enfants*

1. Progrès vers l'harmonie dans l'accomplissement biologique.

2. Acceptation sociale de l'expérience, avec effet cohésif pour le couple.

3. Promesse de réalisation de soi à travers la reproduction.

B. *Fonctions dans le mariage pendant l'éducation des enfants*

1. Augmentation de l'harmonie dans l'accomplissement biologique.

2. Acceptation sociale de l'expérience, avec effet cohésif pour le couple.

3. Réalisation de soi grâce à la reproduction.

C. *Fonctions dans le mariage au départ des enfants*

1. Soutien du conjoint dans les troubles des refoulements œdipiens en rapport avec la maturation sexuelle des enfants du sexe opposé.

2. Acceptation sociale de l'expérience, avec effet cohésif pour le couple.

3. Promesse de petits-enfants.

D. *Fonctions dans le mariage après le départ des enfants*

1. Soutien dans le déclin dû au vieillissement psychologique.

2. Acceptation sociale de l'expérience, avec effet cohésif pour le couple.

3. Réalisation de la reproduction au-delà de ses propres enfants.

### III. SPHÈRE ÉCONOMIQUE

A. *Fonctions dans le mariage avant la venue des enfants*

1. Division du travail salarié et ménager, avec modification possible étant donné l'entrée des femmes dans le marché du travail.
2. Expérience donnée de propriété tangible à travers le foyer.
3. Promesse de sécurité économique par le pouvoir de gain féminin.

B. *Fonctions dans le mariage pendant l'éducation des enfants*

1. Division du travail plus prononcée étant donné les demandes réclamées par l'éducation des enfants.
2. Expérience donnée de propriété tangible à travers le foyer.
3. Aide mutuelle dans la lutte contre la diminution de sécurité économique suite aux dépenses dues à l'éducation des enfants.

C. *Fonctions dans le mariage au départ des enfants*

1. Expérience de modification dans les patterns de division du travail.
2. Expérience donnée de propriété tangible à travers le foyer.
3. Augmentation de la sécurité économique, vu la nouvelle disponibilité de la femme pour un emploi rémunéré, suite à la suppression des exigences de soins aux enfants.

D. *Fonctions dans le mariage après le départ des enfants*

1. Nouvelle expérience dans la division du travail et de l'emploi en préparation à la retraite.
2. Acceptation d'une diminution du standing du foyer.
3. Aide mutuelle dans l'acceptation d'une diminution de la sécurité économique, étant donné la difficulté de trouver un nouvel emploi ou l'atteinte de l'âge de la retraite.

### IV. RENFORCEMENT DU MOI

A. *Fonctions dans le mariage avant la venue des enfants*

1. Aide dans l'apprentissage des rôles d'époux.
2. Octroi mutuel de la liberté d'exprimer son individualité et aide au maintien de sentiments d'identité.
3. Soutien dans le maintien de défenses socialement adaptées.

**B.** *Fonctions dans le mariage pendant l'éducation des enfants*

1. Aide dans l'apprentissage des rôles parentaux et des changements dans les rôles d'époux.

2. Octroi mutuel de la liberté d'exprimer son individualité, aide au maintien de sentiments d'identité et protection mutuelle contre l'emploi des enfants pour l'accomplissement de désirs et la fonction d'identité.

3. Soutien dans le maintien de défenses socialement adaptées.

**C.** *Fonctions dans le mariage au départ des enfants*

1. Aide dans l'apprentissage des changements de rôles dans les sphères conjugale et parentale.

2. Octroi mutuel de la liberté d'exprimer son individualité et aide au maintien de sentiments d'identité.

3. Soutien dans le maintien de défenses socialement adaptées, mais avec tolérance pour la diminution de ces défenses et pour les sentiments de culpabilité au sujet de souhaits de mort.

**D.** *Fonctions dans le mariage après le départ des enfants*

1. Aide dans l'apprentissage du nouveau changement dans les rôles d'époux et dans la préparation aux rôles de deuil, de solitude, d'habitude non assumée à cause du refoulement des pensées de mort.

2. Octroi mutuel de la liberté d'exprimer son individualité et aide au maintien de sentiments d'identité.

3. Soutien accru dans le maintien de défenses socialement adaptées, avec tolérance pour la diminution de ces défenses et pour les sentiments de culpabilité au sujet des souhaits de mort.

# ANNEXE II : MARITAL INFORMATION FORM
## [NASH, E. M. [1]]

**Client :**

Nom : ...... Age : ...... Profession ou occupation : ......

Option religieuse : ......

Santé : avant le mariage : bonne
moyenne
médiocre

Commentaires : ......

après le mariage : bonne
moyenne
médiocre

Commentaires : ......

Age au mariage : ...... ; est-ce votre premier mariage ? oui
non

Si non, le(s) précédent(s) mariage(s) s'est (se sont) terminé(s) par :
la mort
le divorce
l'abandon

**Partenaire :**

Nom : ...... Age : ...... Profession ou occupation : ......

Option religieuse : ......

Santé : avant le mariage : bonne
moyenne
médiocre

Commentaires : ......

après le mariage : bonne
moyenne
médiocre

Commentaires : ......

[1] Marital Information Form, by Ethel M. Nash, in *Marriage Counseling in Medical Practice*, edited by Ethel M. Nash, Lucie Jessner and D. Wilfred Abse (University of North Carolina Press, Chapel Hill, North Carolina).

Age au mariage : ......; le mariage actuel est-il le premier pour votre partenaire ? oui
>> non

>> Si non, le(s) précédent(s) mariage(s) s'est (se sont) terminé(s) par :

>>>> la mort
>>>> le divorce
>>>> l'abandon

**Enfants :**

| Age | Sexe |
|-----|------|
| ...... | ...... |
| ...... | ...... |
| ...... | ...... |

**Mariage des parents du client :**

*Père* : Age : ......     Profession ou occupation : ......

>> Niveau d'études : ......

>> Option religieuse : ......

*Mère* : Age : ......     Profession ou occupation : ......

>> Niveau d'études : ......

>> Option religieuse : ......

*Nombre de frères et sœurs :*

*Le mariage parental :* est (fut) heureux
>> malheureux
>> ni l'un, ni l'autre

>>>> Qui domine (dominait) ? le père
>>>>>> la mère
>>>>>> ni l'un, ni l'autre

>>>> De quel parent vous sentiez-vous le plus proche ?
>>>>>> le père
>>>>>> la mère

Les parents vivent-ils ensemble? oui
non

Si non, le mariage s'est-il terminé par : la mort
le divorce
l'abandon?

## Mariage des parents du partenaire :

*Père* : Age : ......    Profession ou occupation : ......

Niveau d'études : ......

Option religieuse : ......

*Mère* : Age : ......    Profession ou occupation : ......

Niveau d'études : ......

Option religieuse : ......

*Nombre de frères et sœurs :* ......

*Le mariage parental :* est (fut) heureux
malheureux
ni l'un, ni l'autre

Qui domine (dominait)? le père
la mère
ni l'un, ni l'autre

De quel parent le partenaire est-il le plus proche?
le père
la mère

Les parents vivent-ils ensemble? oui
non

Si non, le mariage s'est-il terminé par : la mort
le divorce
l'abandon?

**Cadre conjugal :**

*Les travaux routiniers du ménage et leur planification sont établis de façon acceptable pour :*

- les deux partenaires
- aucun des deux
- seulement le partenaire
- vous seulement

Commentaires : ......

*Éducation des enfants :*

Vous et votre partenaire êtes d'accord en ce qui concerne les méthodes :

- oui
- non

Commentaires : ......

*Finances :*

Vous considérez les revenus dont vous disposez comme :

- suffisants
- insuffisants

Vous et votre partenaire :

- êtes d'accord ⎫
          ⎬ au sujet des dépenses
- n'êtes pas d'accord ⎭

Le compte en banque est :

- conjoint
- séparé

Vous donnez à votre partenaire ⎫
                ⎬ une allocation
Vous recevez de votre partenaire ⎭

Commentaires : ......

*La belle – famille :*

constitue

ne constitue pas } un problème dans votre mariage

Si oui, la difficulté est causée par :
- la mère du partenaire
- le père du partenaire
- le frère du partenaire
- la sœur du partenaire
- votre mère
- votre père
- votre frère
- votre sœur

Commentaires : ......

*Croyances religieuses :*

Elles engendrent des difficultés
Elles n'engendrent pas de difficultés

Commentaires : ......

*Habitudes personnelles que je n'aime pas chez mon partenaire, telles que :*

- extravagance
- mesquinerie
- bouderie
- jalousie
- mauvaise humeur
- etc.

*Le pattern des discussions inclut-il des attaques sur le plan physique ?*

- oui
    - chez les deux conjoints
    - seulement chez mon partenaire
    - seulement chez moi
- non

Les deux conjoints ressassent les désaccords antérieurs

Mon partenaire ⎫
⎬ seulement le fait
Moi ⎭

*Appréciation et communication :*

Je reçois ⎫
⎬ de louanges et éloges
Je ne reçois pas ⎭

Je crois ⎧ que j'en donne ⎫
⎨ ⎬ à mon partenaire
⎩ que je n'en donne pas ⎭

La communication entre nous est :

- facile
- difficile
- impossible

*Début des difficultés conjugales :*

Après combien d'années de mariage les difficultés conjugales sont-elles devenues évidentes ? ......

Le début a suivi ⎫
⎬ la conception du premier enfant
Le début n'a pas suivi ⎭

Le début a suivi ⎫
⎬ la naissance du premier enfant
Le début n'a pas suivi ⎭

Vous réjouissez-vous ⎫
⎬ d'être enceinte ?
Vous êtes-vous réjouie ⎭

Commentaires : ......

Est-ce que votre mari partage vos sentiments ?

Vous a-t-il rendu visite à l'hôpital ?

- oui
- non

Est-ce que vous vous êtes réjouie de ses visites ?
- oui          Pourquoi ? ......
- non          Pourquoi ? ......

*Éducation sexuelle dans le foyer parental :*

Pas de discussion au sujet de la sexualité
On répondait aux questions de façon saine

Les rapports préconjugaux étaient { fort craints

tacitement encouragés

L'attitude de la mère à l'égard de la sexualité était : ......

L'attitude du père à l'égard de la sexualité était : ......

*Éducation sexuelle en dehors du foyer parental :*

Les enseignements
de l'Église { ont engendré

n'ont pas engendré } un sentiment de culpabilité

La pratique de la masturbation :
    vous la considérez comme hautement dangereuse
    elle suscite de forts sentiments de culpabilité
    elle éveille quelques sentiments de culpabilité
    vous la jugez naturelle et acceptable
    vous n'avez pas d'avis à son sujet

Les principales sources d'information sexuelle ont été :
    - mes parents
    - mes frères et sœurs
    - mes amis
    - mon partenaire
    - les livres
    - l'école
    - l'enseignement supérieur
    - l'Église

*Pattern de fréquentation de l'autre sexe avant le mariage :*

Les rencontres
$\left\{\begin{array}{l}\text{étaient fréquentes} \\ \\ \text{n'étaient pas fréquentes}\end{array}\right.$

Le flirt
$\left\{\begin{array}{l}\text{je ne l'ai pas pratiqué} \\ \text{je l'ai pratiqué avec mon partenaire seulement} \\ \text{je l'ai pratiqué avec mon partenaire et d'autres} \\ \text{je l'ai pratiqué avec d'autres seulement}\end{array}\right.$

Rapports préconjugaux :
    avec mon partenaire seulement
    avec d'autres seulement
    avec mon partenaire et d'autres
    avec des prostituées ou des rencontres d'occasion
    Je n'ai pas eu de rapports sexuels avant le mariage

        J'en suis heureux
        Je le regrette

J'ai
$\left.\begin{array}{l}\\ \\ \end{array}\right\}$ eu une relation amoureuse antérieure
Je n'ai pas           qui s'est rompue

Le partenaire a
$\left.\begin{array}{l}\\ \\ \end{array}\right\}$ eu de relation amoureuse antérieure
Le partenaire n'a pas           qui s'est rompue

*La cérémonie du mariage a eu lieu :* à l'église
                                      au foyer
                                      devant un magistrat

*La lune de miel :*

Longueur : moins d'une semaine
           une semaine
           deux semaines ou plus

Vous la considérez comme une expérience heureuse
                                         satisfaisante
                                         malheureuse

L'épouse a-t-elle éprouvé l'orgasme ?

    oui

    non

L'époux a présenté : toujours une érection et une éjaculation adéquates
un certain degré d'éjaculation précoce
un certain degré d'impuissance
une impuissance totale

*La vie sexuelle conjugale actuelle :*

Est satisfaisante pour tous les deux
le mari seulement
l'épouse seulement
aucun des deux

Raisons d'insatisfaction :

les techniques du partenaire sont peu intéressantes
désagréables
dégoûtantes

le partenaire se refuse fréquemment
se refuse toujours
est trop passif

personnellement les rapports sexuels ne m'intéressent pas

Il y a eu infidélité    oui

    non

Ce fait est connu du partenaire    oui

    non

# BIBLIOGRAPHIE

N.-B. *Dans celle-ci sont mentionnés les principaux ouvrages (les articles, étant donné leur importance numérique, n'y figurent pas) qui traitent de questions en rapport plus ou moins étroit avec le contenu de ce livre. Ces différents documents sont de valeur très inégale.*

ACKERMAN, N. W., *The psychodynamics of family life ; diagnosis and treatment of family relationships.* Basic Books, New York, 1958.

ACKERMAN, N. W., *Treating the troubled family.* Basic Books, New York, 1966.

ACKERMAN, N. W., *Family therapy in transition.* J. & A. Churchill, for Little, Brown and Company, Boston, 1970.

ACKERMAN, N. W., BEATMAN, F. L., SHERMAN, S. N., *Exploring the base for family therapy.* Family Service Association of America, New York, 1961.

ACKERMAN, N. W., BEATMAN, F. L., SHERMAN, S. N., *Expanding theory and practice in family therapy.* Family Service Association of America, New York, 1967.

ARD, B. N., ARD, C. G., *Handbook of marriage counseling.* Science and Behavior Books, Palo Alto, California, 1969.

BACH, G. R., WYDEN, P., *L'ennemi intime.* Buchet-Chastel, Paris, 1970.

BANNISTER, K., ROBB, J., LYONS, A., SCHOOTER, A., PINCUS, L., STEPHENS, J., *Problèmes du mariage.* Traduit de l'anglais par GUTHMANN, M., P.U.F., Paris, 1959.

BELL, J. E., *Family group therapy ; a method for the psychological treatment of older children, adolescents and their parents.* Department of Health, Education and Welfare, Public Health Service Publication n° 826, Public Health Monograph n° 64, Washington, 1961.

BELLIVEAU, F. B., RICHTER L., *Understanding human sexual inadequacy.* Little, Brown and Company, Boston, 1970.

BERGLER, E., *Unhappy marriage and divorce*. International Universities Press, New York, 1946.

BERGLER, E., *Psychopathologie sexuelle*. Traduit de l'américain par JOSPIN, L., d'après la 2e édition. Payot, Paris, 1969.

BOSSARD, J. H. S., BOLL, E. S., *Why marriages go wrong*. The Ronald Press Company, New York, 1958.

BOSZORMENYI - NAGY, I., FRAMO, J. L., *Intensive family therapy. Theorical and practical aspects*. Hoeber Medical Division/ Harper and Row, New York, 1965.

CHANCE, E., *Families in treatment*. Basic Books, New York, 1959.

COHEN, I. M., *Family structures. Dynamics and therapy*. Psychiatric Research Reports (20), American Psychiatric Association, Washington, 1966.

COMMUNITY RESEARCH ASSOCIATES, *Classification of disorganized families*. Community Research Associates, New York, 1953.

CORNEC, S., CORNEC, J., *Les problèmes du divorce*. Robert Laffont, collection « Réponses », Paris, 1970.

COURTENAY, M., *Sexual discord in marriage, a field for brief psychotherapy*. Tavistock Publications, Mind & Medicine Monographs, London, 1968.

COUTCH, E. H., *Joint and family interviews in the treatment of marital problems*. Family Service Association of America, New York, 1969.

CUBER, J. F., *Marriage Counseling Practice*. Appleton – Century – Crofts, New York, 1948.

CURRAN, C. A., *L'entretien non directif*. Principes et pratique du counseling. Traduction de l'américain par MONJARDEL, R. et PERROT, P., *Encyclopédie Universitaire*, Éditions universitaires, Paris, 1967.

DE LA PUENTE, M., *Carl R. Rogers : de la psychothérapie à l'enseignement*. ÉPI, Paris, 1970.

de PERETTI, A., *Liberté et relations humaines ou l'inspiration non directive*, 6e édition. ÉPI, Paris, 1967.

DICKS, H. V., *Marital tensions. Clinical studies towards a psychological theory of interaction.* Routledge and Kegan Paul, London, 1969.

DUPONT, R., *Le conseil familial et conjugal.* Casterman, Coll. Via (Vie affective et sexuelle), Tournai, 1972.

EISENSTEIN, N. W., *Neurotic interaction in marriage.* Basic Books, New York, 1956.

FREYHAN, F. A., *Family therapy and marriage counseling. Why, when, how and by whom.* A special issue of Comprehensive Psychiatry. Grüne and Stratton, New York, 1966.

FRIEDMANN, A., BOSZORMENYI-NAGY, I., JUNGREIS, J. E., LINCOLN, G., MITCHELL, H. E., SONNE, J. C., SPECK, R. V., SPIVAK, G., *Psychotherapy for the whole family. Cases histories, techniques and concepts of family therapy of schizophrenia in the home and clinics.* Springer, New York, 1965.

GARDNER, R. A., *The boys and girls book about divorce, with an introduction for parents.* Haddon Craftsmen, Scranton, Pennsylvania, 1970.

GLASSER, P. H., GLASSER, L. N., *Families in crisis.* Harper & Row, New York, 1970.

GOLDBERG, E. M., *Family influences and psychosomatic illness.* Tavistock Publications, London, 1958.

GOMBERG, M. R., LEVINSON, F. T., *Diagnosis and process in family counseling.* Family Service Association of America, New York, 1951.

GREENBLATT, B. R., *A doctor's marital guide for patients.* The Budlong Press Company, Chicago, 1962.

GREENE, B. L., *The psychotherapies of marital disharmony.* The Free Press, a Division of the Macmillan Company, New York, 1965.

GREENE, B. L., *A clinical approach to marital problems. Evaluation and management.* Charles C. Thomas, Springfield, Illinois, 1970.

GRIFFITH, E. F., *Ups and downs in married life*. Methuen, London, 1966.

GROTJAHN, M., *Psychoanalysis and the family neurosis*. W. W. Norton and Company, New York, 1960.

HANNOUN, H., *L'attitude non directive de Carl Rogers*. E.S.F., Collection « Sciences de l'Éducation », Paris, 1972.

HART, J. T., TOMLINSON, T. M., *New directions in client-centered therapy*. Houghton Mifflin Company, Boston, 1970.

HASTINGS, D. W., *Impotence and Frigidity*. Little, Brown and Company, Boston, 1963.

HAUSSAMEN, F., GUITAR, M. A., *The divorce handbook*. G. P. Putnam's Sons, New York, 1960.

HEALY, E. F., *Marriage guidance ; a study of the problems of the married and of those contemplating marriage*. Loyola University Press, Chicago, 1948.

HERBERT, W. L., JARVIS, F. V., *A modern approach to marriage counseling*. Methuen, London, 1959.

HERBERT, W. L., JARVIS, F. V., *The art of marriage counseling ; a modern approach*. Emerson Books, New York, 1960.

HOLLIS, F., *Women in marital conflict*. Family Service Association of America, New York, 1949.

HOLSTEIN – BRUNSWIC, C., *Dossier du divorce*. Éditions Universitaires, Paris, 1971.

HOWELLS, J. G., *Theory and practice of family psychiatry*. Oliver and Boyd, Edinburgh and London, 1968.

JACOBSON, P. H., *American marriage and divorce*. Talkes 37, 38 and 40, Rinehart & Company, New York, 1959.

JOHNSON, D., *Marriage counseling : theory and practice*. Prentice – Hall, Englewood Cliffs, New Jersey, 1961.

KELLNER, R., *Family ill health. An investigation in general practices*. Tavistock Publications, Mind and Medicine Monographs n° 4, London, 1963.

KLEMER, R. H., *Counseling in marital and sexual problems. A physician's handbook.* The William & Wilkins Company, Baltimore, 1965.

KLUCKHOHN, F. R., SPIEGEL, J. P., *Integration and conflict in family behavior.* Group for the Advancement of Psychiatry, Report n° 27, Topeka, Kansas, 1954.

KOHUT, N. C., *A manual on marital reconciliations.* Adams Press, Chicago, 1964.

KONOPKA, G., *Group work techniques in joint interviewing.* National Conference of Social Workers, Social Welfare Forum, Columbia University Press, New York, 1957.

LAING, R. D., ESTERSON, A., *Sanity, madness and the family.* Tavistock Publications, London, 1964.

LANGSLEY, D. G., KAPLAN, D. M., with the collaboration of PITTMAN, F. S. (and others), *The treatment of families in crisis.* Grüne and Stratton, New York, 1968.

LEMAIRE, J. G., *Exposé sur les mésententes conjugales et le rôle des conseillers conjugaux.* Ligue Française d'Hygiène mentale, Paris, 1963.

LEMAIRE, J. G., LEMAIRE – ARNAUD, E. (collaboration), *Les conflits conjugaux.* E.S.F., Paris, 1966.

LEMAIRE, J. G., *Les thérapies du couple.* Payot, Paris, 1971.

LEROY, C., LHOTELIER, A., *La relation de conseil :* « Le conseil sans conseils ». Privat, Époque, Toulouse, 1973.

LIBMANN, J., *Le divorce.* Casterman, Collection Via (Vie affective et Sexuelle), Tournai, 1971.

MACE, D. R., *Marriage counseling ; the first full account of the remedial work of the Marriage Guidance Councils.* J. and A. Churchill, London, 1948.

MACE, D. R., *Marriage crisis.* Delisle (Delisle series), London, 1949.

MACE, D. R., *What is marriage counseling?* Publics Affairs Pamphlets n° 250, Publics Affairs Commitee, New York, 1957.

MANNONI, M., *L'Enfant, sa « maladie » et les autres.* Éditions du Seuil, Collection « Le Champ Freudien », Paris, 1967.

MASTERS, W. H., JOHNSON, V. E., *Human sexual inadequacy*. Little, Brown and Company, Boston, 1970.

MELEZE, J., *Les fragilités du couple*. Centurion/Grasset, Collection « Femmes dans la Vie », Paris, 1972.

MERIC, M., *Le Mariage névrotique*. Gonthier, Paris, 1967.

MICHEL – WOLFROMM, H., *Cette chose-là. Les conflits sexuels de la femme française*. Grasset, Paris, 1970.

MICHEL – WOLFROMM, H. (Direction), DANON – BOILEAU, H., DECOURT, J., HELD, R., LEBOVICI, S., PEIGNÉ, F. et PERIER, M. (collaboration), *Gynécologie psychosomatique*. Masson et Cie, Paris, 1964.

MIDELFORT, C. F., *The family in psychotherapy*. Mac Graw-Hill company, New York, 1957.

MORENO, J. L., *Psychodramatic treatment of marriage problems*. Beacon House, Psychodrama Monographs (7), New York, 1945.

MORRIS, N. (Editor), London. Third International Congress, London, 1971, *Psychosomatic Medicine in Obstetrics and Gynecology*. Skarger, Basel, 1972.

MUDD, E. H., *The practice of marriage counseling*. Association Press, New York, 1951.

MUDD, E. H., KRICH, A., *Man and wife; a science of family attitudes, sexual behavior and marriage counseling*. W. W. Norton, New York, 1957.

MUDD, E. H., STONE, A., KARPE, M. J., NELSON, J. F., *Marriage counseling : a casebook*. Association Press, New York, 1965.

NASH, E. M., JESSNER, L., ABSE, D. W., *Marriage counseling in medical practice; a symposium*. The University of North Carolina Press, Chapel Hill, 1964.

OTTO, H. A., *The Otto pre-marital schedules : educational instruments for use in pre-marital counseling*. Consulting Psychologist Press, Palo Alto, 1961.

OTTO, H. A., *Manual for pre-marital counseling*. Consulting Psychologist Press, Palo Alto, 1961.

PAGES, M., *L'orientation non-directive en psychothérapie et en psychologie sociale*. Dunod, Collection « Organisation et sciences humaines », Paris, 1965.

PATTERSON, C. H., *Client – centered therapy ; major contribution*. Division of counseling psychology, American Psychological Association, Counseling Psychologist (V. I. nº 2), St Louis, 1969.

PETERSON, J. A., *Marriage and family counseling. Perspective and prospect*. Association Press, New York, 1968.

PINCUS, L., *Marriage : studies in emotional conflict and growth*. Methuen, London, 1960.

ROGERS, C. R., *Le développement de la personne*. Traduit par HERBERT, E. L. Dunod, Paris, 1966.

ROGERS, C. R., *La relation d'aide et la psychothérapie*. Traduction française par ZIGLIARA, J. P., (2 volumes). E.S.F., Paris, 1970.

ROGERS, C. R., KINGET, G. M., *Psychothérapie et relations humaines ; théorie et pratique de la thérapie non directive*. Vol. I : *Exposé général*. Vol. 2 : *La pratique*. Publications Universitaires de Louvain – Éditions Béatrice Nauwelaerts, Paris, 1965.

RUTLEDGE, A. L., *Pre-marital counseling*. Schenkman Publishing Company, Cambridge, Massachusetts, 1966.

SANCTUARY, G., *Marriage under stress. A comparative study of marriage conciliation*. George Allen & Unwin Ltd, London, 1968.

SATIR, V., *Thérapie du couple et de la famille. – Thérapie familiale*. Traduit de l'anglais par DESTANDAN – DENISOV, A. ÉPI, Paris, 1971.

SCHLESINGER, B. (Contributors : AYRES, B., LAGEY, J., SPENCER, J. – Editorial consultant : STRAKOVSKY, F.), *The multiproblem family ; a review and annotated bibliography*. University of Toronto Press, Toronto, 1963.

SILVERMAN, H. L., *Marital counseling. Psychology, Ideology Science*. Thomas, Springfield, Illinois, 1967.

SKIDMORE, R. A., HULDA VAN STEETER GARRETT, SKIDMORE, C. J., *Marriage consulting*. Harper and brothers, New York, 1956.

STONE, A. and LEVINE, L., *The premarital consultation*. Grüne & Stratton, New York, 1956.

TAFT, J., *Family casework and counseling. A functional approach.* Pennsylvania University School of Social Work, Social Work process series, University of Pennsylvania Press, Philadelphia, 1948.

VINCENT, C. E., *Readings in marriage counseling*. Crowell T. Y. Company, The Crowell Sociology Series, New York, 1957.

VOILAND, A. L. and associates, *Family casework diagnosis*. Columbia University Press, New York, 1962.

WAHL, C. W., *Sexual problems. Diagnosis and treatment in medical practice*. The Free Press, A Division of the Macmillan Company, New York, 1967.

WALLIS, J. H., *Marriage guidance. A new introduction*. Routledge and Kegan Paul, London, 1968.

ZUK, G. H., BOSZORMENYI – NAGY, I., *Family therapy and disturbed families*. Science and Behavior Books, Palo Alto, Calif, 1967.

# TABLE DES MATIÈRES

qu'une approche centrée soit susceptible d'être bénéfique, 161. — Attitudes inappropriées chez le psychothérapeute ou le conseiller en approches centrées sur le client, 164. — Qualités que doivent posséder et souvent transmettre en approches centrées le psychothérapeute ou le conseiller, 170. — Comportement verbal du conseiller ou du psychothérapeute en approches centrées et aperçu sommaire des modes de communication, 173. — Modes d'action de la psychothérapie ou relation d'aide psychologique centrées sur le client, 180. — Circonstances imposant un écart méthodologique en approches centrées, 181. — Questions pratiques en psychothérapie ou relation d'aide psychologique, en particulier celles centrées sur le client, 187. — Constitution du dossier et établissement du diagnostic, 190. — Les débuts de la prise en charge psychologique en consultation conjugale sur le mode centré, 195. — La phase effective de la prise en charge en consultation conjugale sur le mode centré, 206. — Le transfert et le contre-transfert en approches centrées, 214. — Types d'aide autres que la psychothérapie ou la relation d'aide psychologique centrées, en consultation conjugale, 220. — La fin de la prise en charge psychologique en consultation conjugale sur le mode centré, 227.

.